Cris Plata

Other Badger Biographies
Otras biografías de Badger

Cris Plata

From Fields to Stage

* * *

Del Campo al Escenario

MAIA A. SURDAM

WISCONSIN HISTORICAL SOCIETY PRESS

IMPRENTA DE LA SOCIEDAD HISTÓRICA DE WISCONSIN

Published by the Wisconsin Historical Society Press
Publicado por la Imprenta de la Sociedad Histórica de Wisconsin
Publishers since 1855
Casa Editorial desde 1855

© 2014 by the State Historical Society of Wisconsin
© 2014 por la Sociedad Histórica Estatal de Wisconsin

wisconsinhistory.org

Photographs identified with WHi or WHS are from the Society's collections; address requests to reproduce these photos to the Visual Materials Archivist at the Wisconsin Historical Society, 816 State Street, Madison, WI 53706. A list of other illustration credits can be found on page 198-199, which constitutes a continuation of this copyright page.

Las fotografías identificadas con la leyenda WHi o WHS pertenecen a las colecciones de la Sociedad: remita sus solicitudes para reproducir estas fotografías al Archivista de Materiales Visuales en la Sociedad Histórica de Wisconsin, 816 State Street, Madison, WI 53706. Es posible encontrar una lista de otros créditos de la ilustraciones en las páginas 198–199, la cual constituye una continuación de esta página de derechos de autor.

Front cover: Photograph courtesy of John R. Connell
Portada: Fotografía cortesía de John R. Connell
Back cover: Photograph courtesy of Cris Plata * Contraportada: Fotografía cortesía de Cris Plata

Printed in Canada * Impreso en Canada
Designed by Jill Bremigan * Diseñado por Jill Bremigan

18 17 16 15 14   1 2 3 4 5

Library of Congress Cataloging-in-Publication Data
Datos de catalogación en publicación de la Biblioteca del Congreso

Surdam, Maia, 1980–
    Chris Plata : from fields to stage = del campo al escenario / Maia Surdam.
        pages cm.—(Badger biographies series)
    Audience: Age 9–12.
    Audience: Grade 4 to 6.
    ISBN 978-0-87020-638-2 (paperback)—ISBN 978-0-87020-639-9 (e-book) 1. Plata, Cris, 1954– 2. Migrant agricultural laborers—Wisconsin—Biography. 3. Mexican Americans—Wisconsin—Biography. 4. Musicians—Wisconsin—Biography. I. Title.
    HD1527.W6S87 2014
    782.42164092—dc23
    [B]
                                        2014002698

To Emmet, Mira, and Gretchen
Para Emmet, Mira y Gretchen

Publication of this book was made possible in part by a generous grant from the U.S. Bancorp Foundation.

La publicación de este libro fue posible en parte gracias a una generosa subvención de U.S. Bancorp Foundation.

Contents  Contenido

Information for Readers of this Dual-language Book

English text is in black type. Spanish text is in blue type.

A paragraph in English is followed by the same paragraph in Spanish. The three stars after the Spanish paragraph mark the start of the next English paragraph. So, if you just want to read Cris Plata's story in English, read the text in black type. If you just want to read his story in Spanish, read the text in blue type. The English and Spanish paragraphs are grouped together to help dual-language readers compare the two languages.

The two languages in the photo captions are separated by a gold star.

The glossary words are separated out into an English glossary and a Spanish glossary.

Información para los lectores de este libro en dos idiomas

El texto en inglés está en letras negras. El texto en español está en letras azules.

Un párrafo en inglés es seguido del mismo párrafo en español. Las tres estrellas después del párrafo en español marcan el comienzo del siguiente párrafo en inglés. Por lo tanto, si sólo quieres leer la historia de Cris Plata en inglés, lee el texto en letras negras. Si sólo quieres leer la historia en español, lee el texto en letras azules. Los párrafos en inglés y en español están agrupados para ayudar a los lectores de dos idiomas a comparar los dos idiomas.

Los dos idiomas en la descripción de las fotos están separados por una estrella dorada.

Las palabras del glosario están separadas en un glosario en inglés y un glosario en español.

1

Meet Cris Plata
Conoce a Cris Plata

Cris and his wife, Ann, perform with the band at Madison's Orton Park Festival in the summer of 2010. ✳ Cris y su esposa, Ann, tocando en el Festival del Parque Orton en Madison en verano de 2010.

Think of an imaginary person who lives on a farm in Wisconsin. What does he or she look like? Did you imagine a musician wearing a cowboy hat and boots, strumming a guitar or mandolin, pumping an accordion, and singing in Spanish? Probably not. But most likely, you have never heard of Cris Plata. He is a successful, professional musician who was born in Texas but who has called Wisconsin his home for many years. After learning about Cris's story, you might think of him the next time you imagine a person from this state.

Piensa en una persona imaginaria que vive en una granja en Wisconsin. ¿Qué aspecto tiene esa persona? ¿Te imaginas a un músico con sombrero y botas vaqueras, tocando una guitarra o mandolina, tocando un acordeón y cantando en español? Probablemente no. Pero lo más probable es que nunca hayas oído hablar de Cris Plata, un músico exitoso y profesional que nació en Texas pero que considera Wisconsin su hogar desde hace muchos años. Después de saber la historia de Cris, es posible que pienses en él la próxima vez que imagines a una persona de este estado.

3

Cris is a singer-songwriter, guitar and accordion player, and storyteller. He writes his own music, performs songs in both Spanish and English, and records albums. His band is called Cris Plata with Extra Hot. He plays concerts throughout southern Wisconsin, especially in Madison and Milwaukee, and has been doing so since the 1980s. He has performed at outdoor music festivals, in majestic theaters and auditoriums, and at smaller Madison venues. Although he has played with many different musicians, he almost always performs with his favorite bass player, who also happens to be his wife, Ann Plata.

Cris es un cantautor y cuentacuentos que toca la guitarra y el acordeón. Compone su propia música, interpreta canciones tanto en inglés como en español y graba álbumes. Su banda se llama *Cris Plata with Extra Hot*. Toca en conciertos en el sur de Wisconsin, especialmente en Madison y Milwaukee, y lo ha hecho desde la década de 1980. Se ha presentado en festivales de música al aire libre, en majestuosos teatros y auditorios y en locales más pequeños en Madison. Aunque ha tocado con

4

muchos músicos diferentes, casi siempre toca con su bajista preferido, quien también resulta ser su esposa, Ann Plata.

Cris's musical career has been shaped by his past. Today he sings songs drawn from his life experiences and former homes. He was born on a ranch near Poteet, Texas, in 1954. He lived there with his parents, Cristoval Sr. and Marcelina, and his two older brothers, Juan and Antonio. Cris did not stay on this ranch for long, however. His family moved around the country to harvest crops for a living. The Platas were migrant farmworkers. They mainly split their time between Texas and Wisconsin, but they also worked in other states like Indiana, Arkansas, and Florida. When Cris was younger, he and his family lived in many kinds of houses and changed their workplaces based on the harvest seasons of the crops they picked.

La carrera musical de Cris fue formada por su pasado. Actualmente interpreta canciones inspiradas en sus experiencias de vida y hogares previos. Nació en un rancho cerca de Poteet, Texas, en 1954. Vivió allí con sus padres,

Cristoval padre y Marcelina, y sus dos hermanos mayores, Juan
y Antonio. Sin embargo, Cris no permaneció mucho tiempo
en ese rancho. Su familia se mudaba con frecuencia por
todo el país para cosechar cultivos para ganarse la vida. Los
Plata eran trabajadores agrícolas migratorios. Principalmente
dividían su tiempo entre Texas y Wisconsin, pero también
trabajaban en otros estados como Indiana, Arkansas y Florida.
Cuando Cris era más joven, él y su familia vivieron en muchos
tipos de casas y cambiaban su lugar de trabajo de acuerdo a
las temporadas de cosecha de los cultivos que elegían.

* * *

Cris, Ann, and their dog, Scooter, now live on a small farm
near Columbus, Wisconsin. Their home is close to the place
where the Platas originally worked when they came to
Wisconsin in 1966 as farmworkers. When Cris thinks back
to that time, he says, "I never thought that I would be living
there for the rest of my life." Now he could not imagine it any
other way.

Cris, Ann y su perro, Scooter, ahora viven en una pequeña
granja cerca de Columbus, Wisconsin. Su casa está cerca del

lugar en el que los Plata trabajaban originalmente cuando visitaban Wisconsin en 1996 como trabajadores agrícolas. Cuando Cris recuerda esos tiempos, dice, "Nunca pensé que viviría aquí durante el resto de mi vida". Ahora no podría imaginarlo de otra forma.

* * *

The story of Cris Plata is one of movement and change. As a migrant farmworker, and later as a traveling musician, Cris has moved around a lot! At the same time, this story is also about how a migrant, and the son of an immigrant, decided to make a home in Wisconsin. Although Cris did not choose to move to Wisconsin as a child, he chose to settle there permanently as an adult. Like many other migrants and immigrants who have made Wisconsin their home, Cris became attached to this special place and made it his own.

La historia de Cris Plata es de movimiento y cambio. Como trabajador agrícola migratorio y después como músico viajero, ¡Cris se ha mudado bastante! Al mismo tiempo, esta historia también trata sobre cómo un emigrante, hijo de un inmigrante, decidió formar un hogar en Wisconsin. Aunque Cris no decidió mudarse a Wisconsin cuando era niño, sí decidió establecerse allí definitivamente en la edad adulta. Como muchos otros emigrantes e inmigrantes que han hecho de Wisconsin su hogar, Cris se encariñó con este sitio especial y lo hizo suyo.

2

Family Roots
Raíces familiares

Cris's parents came from Mexico and the United States. His father was born in Jalisco, Mexico. His mother was born in San Antonio, Texas. ✳ Los padres de Cris vinieron de México y de los Estados Unidos. Su padre nació en Jalisco, México. Su madre nació en San Antonio, Texas.

If we are to understand Cris Plata's many migrations—and the home he eventually made in Wisconsin—we have to look back further, into the lives of his parents. His story has roots that spread wide and far. They extend into central Mexico, in the desert plains of northern Jalisco, where his father was born. They also reach down to south-central Texas, where his mother was born. Like many Americans of **Mexican descent**, Cris's history is tied to both the United States and Mexico.

Para comprender las muchas migraciones de Cris Plata y el hogar que formó eventualmente en Wisconsin, debemos mirar más hacia el pasado, a la vida de sus padres. Su historia tiene raíces que se extienden ampliamente. Se extienden al centro de México, en las planicies desérticas del norte de Jalisco, donde nació su padre. También llegan hasta al centro y sur de Texas, donde nació su madre. Como muchos estadounidenses de **ascendencia mexicana**, la historia de Cris está ligada a México y a Estados Unidos.

Mexican descent (**mek** suh kuhn di **sent**): someone with Mexican ancestors ✳ **ascendencia mexicana** (a sen **den** sia me ji **ka** na): alguien con ancestros mexicanos

*　*　*

Cris's mother, Marcelina Casillas, was born in San Antonio, Texas, in 1920. Her ancestors had lived in the Rio Grande valley for many years, long before Texas became part of the United States in 1845. For thousands of years, this area has been home to different Native American nations. More recently, over the past few hundred years, it has been controlled by Spain, Mexico, and later the United States. Some of Marcelina's relatives, the Garzas, were Jewish people who left Europe and came to the region when it was a Spanish colony, perhaps as long ago as the late 1500s. Like many people from the Rio Grande valley, the Casillases were mestizos, which means they had a mixed background that included both European and Native American family members in their past.

La madre de Cris, Marcelina Casillas, nació en San Antonio, Texas, en 1920. Sus ancestros vivieron en el valle del Río Grande durante muchos años, mucho antes de que Texas se convirtiera en parte de los Estados Unidos en 1845. Durante miles de años esta área ha sido el hogar de diferentes pueblos nativos americanos. Más recientemente, durante los últimos siglos, fue controlada por España, México y más tarde, Estados Unidos. Algunos de los familiares de Marcelina, los Garza, eran judíos que abandonaron Europa y llegaron a la región cuando era una colonia española, tal vez ya en el año 1500. Como muchas personas del valle del Río Grande, los Casillases eran mestizos, lo que significa que tenían antepasados mixtos que incluían familiares europeos y nativos americanos en su pasado.

＊　＊　＊

Marcelina's parents worked as **sharecroppers** on a small farm where they grew cotton for the landowner, as well as vegetables for themselves to eat. Marcelina was the youngest of 4 children. Her mother died when Marcelina was only 5 years old. This meant that all of the children had to take on extra responsibilities inside the house and outside in the fields. Marcelina learned to cook, do household chores, tend a garden, and pick cotton—skills that she would rely on for much of her adult life.

sharecropper (**sher** krop ur): a farmer who works land for an owner in exchange for some of the value from the crops

Los padres de Marcelina trabajaron como **aparceros** en una granja pequeña donde cultivaban algodón para el hacendado, así como vegetales para alimentarse. Marcelina era la más joven de cuatro hijos. Su madre falleció cuando Marcelina tenía solamente 5 años de edad. Esto hizo que todos los niños asumieran responsabilidades adicionales en el hogar y afuera, en los campos. Marcelina aprendió a cocinar, hacer las tareas domésticas, atender el jardín y recoger algodón, habilidades de las que dependió durante gran parte de su vida adulta.

✳   ✳   ✳

Like many other Mexican Americans living in Texas, the Casillas family worked as migrant farmworkers to earn their income. **Anglo** growers planted cotton on **massive** farms across Texas, so they needed large groups of people to pick it during the harvest season. Many growers relied on people of Mexican descent to do this work—both recent immigrants from Mexico and Mexican American families who had lived in the region for generations.

Anglo (ang gloh): a term used to identify white people in the southwestern part of the United States; Anglo is shortened from "Anglo-Saxon," which refers to white Americans whose ancestors came from England
massive (mas iv): large   ✳   **aparcero** (a par se ro): granjero que trabaja la tierra para un propietario a cambio de una parte del valor de los cultivos

13

Como muchos otros mexicanos-estadounidenses que vivían en Texas, los Casillas fueron trabajadores agrícolas migratorios para ganarse la vida. Los cultivadores **angloamericanos** plantaban algodón en granjas **macizas** en Texas, por lo tanto necesitaban grandes grupos de personas durante la temporada de cosecha. Muchos agricultores dependían de personas de ascendencia mexicana para hacer ese trabajo, tanto inmigrantes recientes de México como familias mexicanas-estadounidense que habían vivido en la región durante generaciones.

* * *

Migrant farmworkers traveled to farms around the state when they knew that the cotton was ready to be picked. Because Texas is a big state with different climates and temperatures, the cotton planted there is ready for harvest at different times of the year. For example, cotton that grows in the southern tip of the state, near the Gulf of Mexico, is often ready to harvest in July. Farther north, in an area of Texas known as the panhandle, the cotton harvest usually takes place in September or October. Today, machines do most of

angloamericano (an gloa me ri **ka** no): término usado para identificar a las personas blancas en la parte suroeste de Estados Unidos. Angloamericano es otra forma de decir "anglosajón", que se refiere a estadounidenses blancos cuyos ancestros provienen de Inglaterra **macizo** (ma **si** so): grande

14

the harvesting. But during Cris Plata's childhood, people did this work. Farmworkers picked the cotton crop in one place, and when they finished, they moved along to do it again in another place.

Los trabajadores agrícolas migratorios viajaban a granjas alrededor del estado cuando sabían que el algodón estaba listo para cosecharse. Ya que Texas es un estado grande con diferentes climas y temperaturas, el algodón plantado allí está listo para la cosecha en diferentes épocas del año. Por ejemplo, el algodón que crece en la punta sur del estado, cerca del Golfo de México, a menudo está listo para cosecharse en julio. Más hacia el norte, en un área de Texas conocida como el panhandle, la cosecha de algodón usualmente se realiza en septiembre u octubre. Actualmente la mayoría de la cosecha se realiza a través de máquinas. Durante la niñez de Cris Plata, las personas hacían este trabajo. Los trabajadores agrícolas recogían el cultivo de algodón en un sitio, y cuando terminaban, se trasladaban para hacerlo nuevamente en otro sitio.

* * *

Most growers paid farmworkers low wages to perform difficult labor. Cotton harvesters worked outside in the heat, from sunrise to sunset. They picked cotton all day, plucking the white fluff from the plant and putting it into a sack they pulled behind them. The more cotton people picked, the heavier their sacks became. Farmworkers grew tired and sore throughout the day, but they could not rest very often. They had to work quickly to pick as much cotton as possible.

La mayoría de los agricultores pagaban salarios bajos a los trabajadores agrícolas para encargarse de la mano de obra difícil. Los cosechadores de algodón trabajaban afuera en el calor, desde el amanecer hasta el anochecer. Recogían algodón todo el día, arrancando la pelusa blanca de la planta y colocándola en un saco que tiraban detrás de ellos. Mientras más algodón recogían, más pesados se tornaban los sacos. Los trabajadores agrícolas se sentían fatigados y doloridos a medida que el día avanzaba, pero no podían descansar muy a menudo. Debían trabajar rápidamente para recoger tanto algodón como fuese posible.

*   *   *

At the end of the day, farmworkers stayed in **temporary** housing that the growers provided for them. Many growers did not want to spend much money on this housing, so they put farmworkers in whatever buildings they could find. Sometimes farmworkers lived in small shacks without windows. Usually these buildings felt cramped and uncomfortable. On the worst farms, where growers offered no housing, farmworkers slept outside in tents, in ditches, or inside their **vehicles**. Whenever possible, farmworkers tried to find growers who offered decent housing, but this was hard to do in South Texas when Cris Plata was a boy.

Al final del día, los trabajadores agrícolas se quedaban en viviendas **temporales** que los productores les proporcionaban. Muchos productores no deseaban gastar mucho dinero en estas viviendas, así que enviaban a los trabajadores agrícolas a cualquier edificio que pudieran. En ocasiones los trabajadores agrícolas vivían en pequeñas chozas sin ventanas. Normalmente estos edificios eran reducidos e incómodos.

---

temporary (**tem** puh rer ee): lasting for a short period of time   vehicle (**vee** uh kuhl): something used to transport people or goods   *   **temporal** (tem po ral): de corta duración

17

Marcelina and her family may have lived in housing like this when they picked cotton in South Texas. This photograph was taken in 1938 in Arizona. Two families shared the small house in the front. ✳ Marcelina y su familia podrían haber vivido en una vivienda como ésta cuando cosechaban algodón en el Sur de Texas. Esta fotografía fue tomada en 1938 en Arizona. Dos familias compartían la pequeña casa al frente.

En las peores granjas, en las que los productores no ofrecían viviendas, los trabajadores agrícolas dormían afuera en tiendas, zanjas o dentro de sus **vehículos**. Siempre que fuese posible, los trabajadores agrícolas trataban de encontrar productores que ofrecieran viviendas decentes, pero ésto era difícil de lograr en el sur de Texas cuando Cris Plata era un niño.

vehículo (ve i ku lo): algo usado para transportar a personas o bienes

At the time, the Anglo growers **justified** these terrible working and living conditions because they believed in **racial stereotypes**. There were Anglos in Texas who, like many white people throughout the United States, thought that people of Mexican descent were **inferior** to whites and deserved only the worst kinds of jobs. In reality, however, Mexicans and Mexican Americans did difficult work that paid low wages because they needed to provide for their families and had few other **options** available to them in Texas.

En esos tiempos, los productores angloamericanos **justificaban** estas terribles condiciones laborales y de vida porque creían en **estereotipos raciales**. Había angloamericanos en Texas que, al igual que muchas personas blancas en los Estados Unidos, pensaban que las personas de ascendencia mexicana eran **inferiores** a las personas blancas y merecían solamente los peores trabajos. Sin embargo, en realidad, los mexicanos y los mexicanos-estadounidenses realizaban

---

justified (**jus** tuh fɪd): explained your actions to show that they are right   **racial stereotypes** (**ray** shuhl **ster** ee uh tɪp): widely held but overly simple ideas or images, often negative, about people of a certain race   **inferior** (in **fir** ee ur): not as good; of lesser quality   **option** (**op** shuhn): a choice ✳ **justificó** (jus ti fi **ko**): que explicó tus acciones para demostrar que son correctas   **estereotipo racial** (es te reo **ti** po ra **sial**): ideas o imágenes ampliamente creídas pero demasiado simplistas, a menudo negativas, sobre personas de cierta raza   **inferior** (in fe **rior**): que no es tan bueno; de menor calidad

trabajos que pagaban salarios bajos porque necesitaban mantener a su familia y tenían muy pocas **opciones** disponibles en Texas.

Because of the low wages, all members of the Casillas family had to work to earn enough money so they could buy things like food and clothing. This meant Marcelina could not attend school regularly. Therefore, she spoke Spanish, but never learned how to read or write it.

Debido a los bajo salarios, todos los miembros de la familia Casillas tenían que trabajar para ganar suficiente dinero para comprar cosas como alimentos y comida. Esto significaba que Marcelina no podía asistir a la escuela regularmente. Por lo tanto, hablaba español, pero nunca aprendió a leer o a escribir.

Cris's father, Cristoval Sr., also worked in Texas, but he was not born there. His parents were **peasant farmers** from the Mexican state of Jalisco. Cristoval was born there in 1929. His family lived in a small village called Rancho Alegre that was

peasant farmer (**pez** uhnt **fahr** muhr): a person who works and lives on a farm or certain area of land in service of someone else who owns the land ✳ **opción** (op **sion**): elección

high up in the mountains. In English, Rancho Alegre means "Happy Village." Despite the village's name, life there did not come easy for the Platas.

El padre de Cris, Cristoval padre, también trabajó en Texas, pero no nació allí. Sus padres eran **campesinos agricultores** del estado mexicano de Jalisco. Cristoval nació allí en 1929. Su familia vivió en una pequeña aldea llamada Rancho Alegre que se encontraba en lo alto de una montaña. A pesar del nombre de la aldea, la vida allí no fue fácil para los Plata.

The Platas planted corn, squash, and beans, but it was difficult to grow enough to feed the whole family. During a typical day, each person might eat one bowl of beans and a single corn tortilla for breakfast and then have the same meal for dinner. This diet provided a good source of protein and fiber, but there never seemed to be enough food to go around. Hunger was a constant source of pain and discomfort for the family.

campesino agricultor (kam pe si no a gri kul **tor**): persona que trabaja y vive en una granja o cierta área de tierra en servicio de otra persona que es dueño de la tierra

Los Plata plantaban maíz, calabacín y frijol, pero era difícil cultivar lo suficiente para alimentar a toda la familia. Durante un día promedio, cada persona comía un tazón de frijoles y una tortilla de maíz para el desayuno y luego lo mismo para la cena. Esta dieta ofrecía una buena fuente de proteínas y fibra, pero nunca parecía haber suficiente comida ara todos. El hambre era una fuente constante de dolor e incomodidad para la familia.

Cristoval Sr. told his son Cris many years later that it was the feeling of hunger that convinced him to leave home and seek a better life in the United States. Perhaps his decision was also **influenced** by the responsibilities he felt as the oldest boy of 5 children. When Cristoval Sr. was a young child, his father abandoned the family. His mother became a single parent and the main **provider** for her family. Although she worked as hard as she could, it was still difficult to support her family while living in Rancho Alegre because she did not earn much money. Cristoval Sr. had heard he could make more money in the

influenced (**in** floo uhnst): had an effect on someone or on how things turned out   provider (pruh **vi** dur): someone who gives food, shelter, and other basic needs to people who rely on him or her

United States, although it would require him to give up many things and take plenty of risks.

Cristoval padre le confesó a su hijo Cris muchos años después que el hambre fue lo que lo convenció de abandonar su hogar y buscar una vida mejor en Estados Unidos. Quizá su decisión también se vio **influenciada** por las responsabilidades que sintió como el mayor de 5 hijos. Cuando Cristoval padre era un niño, su padre abandonó a la familia. Su madre se convirtió en madre soltera y principal **proveedora** de su familia. A pesar de trabajar muy arduamente, aún le resultaba difícil mantener a su familia en Rancho Alegre debido a que no ganaba mucho dinero. Cristoval padre había escuchado que podía hacer más dinero en Estados Unidos, aunque eso requeriría que renunciara a muchas cosas y tomara muchos riesgos.

✳   ✳   ✳

So, like hundreds of thousands of other Mexicans during this time, Cristoval Sr. went **al norte**. He hoped to find a job so he could take care of himself and send money

al norte (ahl **nohr** tay): to the north, in Spanish ✳ **influenció** (in flu en cio): que tuvo un efecto sobre alguien o sobre el resultado de las cosas   **proveedor** (pro vee **dor**): alguien que proporciona alimentos, albergue y otras necesidades básicas a personas que dependen de esa persona

to his family in Mexico. He walked the entire way there—a distance of more than 700 miles! It was a long journey to Texas, especially for a 15-year-old boy on his own, but Cristoval was brave, adventurous, and desperate for a new life.

Entonces, al igual que cientos de miles de otros mexicanos durante ese tiempo, Cristoval padre se dirigió hacia **al norte**. Esperaba encontrar un trabajo para mantenerse y enviar dinero a su familia en México. Él hizo todo el recorrido a pie, hasta llegar a su destino: ¡una distancia de más de 700 millas! Fue un largo viaje hasta Texas, especialmente para un muchacho de sólo 15 años, pero Cristoval era valiente, aventurero y estaba desesperado por comenzar una vida nueva.

al norte (al **nor** te): hacia el norte

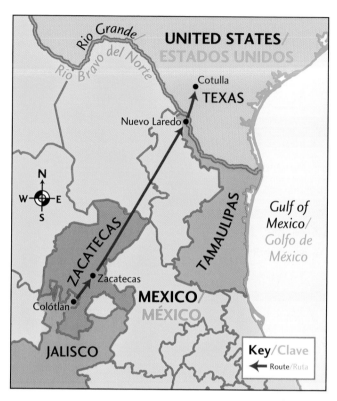

Cristoval Sr.'s route looked something like this. What is the farthest distance you have traveled from home? What kinds of difficulties might Cristoval Sr. have experienced along his way?

✳ La ruta de Cristoval padre era parecida a ésta. ¿Cuál es la mayor distancia que has viajado desde tu casa? ¿Qué clase de dificultades podría haber encontrado Cristoval padre en el camino?

Huichol Indians: Preserving a Culture
Indios huicholes: preservando una cultura

Cristoval Sr. was part of the Huichol Indian tribe, a group of people who have lived in the same high desert plains of southwestern Mexico for thousands of years. Their location far from much of the outside world has allowed them to preserve their culture and keep their sacred way of life. They practice religious rituals that connect them to a spiritual world. For example, they hope to please their gods by wearing colorful clothing. The Huicholes have many other ways to try to influence spirits to protect their people and maintain a healthy and balanced world.

Cristoval padre era parte de la tribu indígena Huichol, un grupo de personas que habían vivido en las mismas planicies desérticas del suroeste de México durante miles de años. Su ubicación alejada de gran parte del mundo exterior les ha permitido preservar su cultura y conservar su sagrada forma de vida. Practican rituales religiosos que los conectan a un mundo espiritual. Por ejemplo, esperan complacer a sus dioses usando ropa colorida. Los huicholes tienen muchas otras formas en las que buscan influenciar a los espíritus para proteger a su pueblo y mantener un mundo saludable y balanceado.

Like Cristoval Sr., many Huicholes have had to leave their homeland, but some remain and continue their way of life. Others leave to find work, but they go back regularly for the sake of their culture. To ensure that their beliefs are passed on to younger generations, Huicholes educate their children through stories, ceremonies, and artwork.

Cristoval Sr. did this by telling his sons tales from the Huichol culture and teaching them to be proud of their *Indio* background. Some Huicholes also create yarn art, which is a unique art form that they use to record their spiritual knowledge. Working with yarn, plant materials, and beeswax, artists create **intricate** designs that depict **ancestral** teachings and beliefs.

Al igual que Cristoval padre, muchos huicholes se han visto obligados a abandonar su tierra natal, pero algunos siguen allí y continúan con su forma de vida. Otros se marchan en busca de trabajo, pero regresan periódicamente para preservar su cultura. A fin de asegurar que sus creencias sean transmitidas a las generaciones más jóvenes, los huicholes educan a sus hijos a través de historias, ceremonias y artesanía. Cristoval padre hizo esto contándoles a sus hijos historias de la cultura huichol y enseñándoles a sentirse orgullosos de sus antepasados **Indios**. Algunos huicholes también crean arte en estambre, una forma de arte única que usan para registrar sus conocimientos espirituales. Trabajando con estambre, materiales vegetales y cera, los artistas crean diseños **intrincados** que representan enseñanzas y creencias **ancestrales**.

Today Huichol yarn art can be found in galleries and museums throughout the world. In spite of many difficulties brought by the modern world, the Huicholes have continued this tradition. Their artwork shows how they have struggled to keep their culture. It also reminds us that ancient ways of understanding the world are still practiced today.

Actualmente podemos encontrar la artesanía huichol con estambre en galerías y museos en todo el mundo. A pesar de las muchas

---

Indio (**in** dee oh): someone whose ancestors lived in the Americas before European settlers arrived   **intricate** (**in** truh kit): very detailed   **ancestral** (an **ses** truhl): passed down or practiced by family members who lived a long time ago ✳ **indio** (**in** dio): alguien cuyos ancestros vivieron en el continente americano antes de la llegada de los colonizadores europeos   **intrincado** (in trin **ka** do): muy detallado   **ancestral** (an ses **tral**): heredado o practicado por familiares que vivieron hace mucho tiempo

dificultades impuestas por el mundo moderno, los huicholes han continuado esta tradición. Su artesanía nos recuerda cómo han luchado por preservar su cultura. También nos recuerda que en la actualidad todavía se practican formas antiguas de comprender el mundo.

* * *

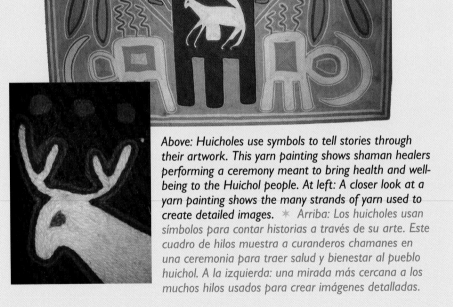

Above: Huicholes use symbols to tell stories through their artwork. This yarn painting shows shaman healers performing a ceremony meant to bring health and well-being to the Huichol people. At left: A closer look at a yarn painting shows the many strands of yarn used to create detailed images. * *Arriba: Los huicholes usan símbolos para contar historias a través de su arte. Este cuadro de hilos muestra a curanderos chamanes en una ceremonia para traer salud y bienestar al pueblo huichol. A la izquierda: una mirada más cercana a los muchos hilos usados para crear imágenes detalladas.*

After his 6-week journey north, Cristoval Sr. found work in the United States. He got his first job in Cotulla, Texas, where he worked for 2 years, 365 days per year, as a "chuck wagon cook" for a cattle company. He made breakfast, lunch, and dinner for a crew of about 25 people. Cristoval Sr. used different cooking methods depending on the season and the cowboys' tasks. During the spring roundup, when the cowboys gathered and moved the cattle, he cooked out of the back of a wagon. Other times of the year he used the cook house on the ranch. When working in the wagon, he prepared food "cowboy style." He dug a hole in the ground outside and started a fire to create embers. Then he put the food in a cast-iron pot and buried the pot in the hot coals to cook the food. Using this method, he made dishes like **arroz con pollo**, tamales, bread, and peach cobbler. Because he spent almost all of his time working and could eat food on the job, he did not need much money to survive. He sent most of his paycheck back home to his mother and siblings.

Después de su viaje de 6 semanas hacia el norte, Cristoval padre encontró trabajo en Estados Unidos. Obtuvo su

arroz con pollo (**ah** rohs kohn **poi** oh): rice and chicken cooked together with traditional Spanish spices

29

Cristoval Sr., on the left, posed for this picture with his friend after he made it to Texas, circa 1945. He sent it to his mother, most likely to show her that he had arrived safely and was in good health. ✳ Cristoval Sr., a la izquierda, posa en esta foto con su amigo después de llegar a Texas, cerca de 1945. Él se la envió a su madre, muy probablemente para mostrar que había llegado con seguridad y que estaba en buena salud.

primer trabajo en Cotulla, Texas, donde trabajó durante 2 años, 365 días al año, como "cocinero de carro" para una compañía ganadera. Preparaba el desayuno, el almuerzo y la cena para un grupo de 25 personas. Cristoval padre usaba diferentes métodos de cocina dependiendo de la temporada y de las tareas de los vaqueros. Durante el arreo del ganado, cuando los vaqueros reunían y desplazaban el ganado, él cocinaba desde la parte posterior de un vagón. En otras épocas del año usaba la cocina del rancho. Cuando trabajaba en el vagón preparaba los alimentos al "estilo vaquero". Cavaba un hoyo en el suelo afuera y encendía un fuego para crear brasas. Luego ponía los alimentos en una olla de hierro fundido y enterraba la olla en el carbón caliente para cocinar la comida. Usando este método, preparaba platillos como arroz con pollo, tamales, pan y tarta de melocotón. Puesto que pasaba la mayoría del tiempo trabajando y podía comer mientras trabajaba, no necesitaba mucho dinero para sobrevivir. Enviaba la mayor parte de su sueldo a su madre y hermanos.

✳ ✳ ✳

For the next few years, Cristoval Sr. worked at a variety of jobs, always sending money home to his family and even visiting when he could. One of the most memorable experiences he had was during **World War II**. At the time, American farmers worried that, with so many men away at war, there would not be enough workers to harvest crops growing throughout the country. They wanted to hire Mexican men to do this job. The governments of the United States and Mexico made an agreement to allow strong, healthy Mexican men to enter the United States on a short-term basis to help American

World War II (wurld wor too): a war fought from 1939 to 1945 in which the United States, Great Britain, France, the Soviet Union, and other allies defeated Germany, Japan, and Italy

31

farmers. The program, known as the **Bracero Program**, was so popular that it lasted until 1964, long after the war ended.

Durante los siguientes años, Cristoval padre trabajó en diversos trabajos, siempre enviando dinero a casa para su familia e incluso visitando cuando podía. Una de las experiencias más memorables que tuvo fue durante la **Segunda Guerra Mundial**. En ese tiempo, a algunos de los agricultores estadounidenses les preocupaba que, con tantos hombres lejos en la guerra, no hubiera suficientes trabajadores para cosechar los cultivos que crecían en todo el país. Querían contratar hombres mexicanos para hacer este trabajo. Los gobiernos de Estados Unidos y México hicieron un acuerdo para permitir que hombres mexicanos fuertes y saludables entraran a los Estados Unidos por un breve tiempo para ayudar a los agricultores estadounidenses. El programa, conocido como el Programa **Bracero**, fue tan popular que duró hasta 1964, mucho tiempo después de la conclusión de la guerra.

Bracero [Program] (brah **say** roh): a US and Mexican government program that hired Mexican workers to move to the United States for a short time and work on farms ✳ **Segunda Guerra Mundial** (se **gun** da **gue** rra mun **dial**): guerra peleada de 1939 a 1945 en la que Estados Unidos, Gran Bretaña, Francia, la Unión Soviética y otros aliados derrotaron a Alemania, Japón e Italia **Bracero** [Programa] (bra **se** ro): programa de los gobiernos de EE.UU. y México que contrató a trabajadores mexicanos para mudarse a Estados Unidos por un breve periodo para trabajar en granjas

Approximately 2 million braceros came to the United States to do farm labor. Most went to states that had large farms, like California and Texas. But some braceros also went to midwestern states, including Wisconsin, Michigan, Ohio, and Minnesota. As a bracero, Cristoval Sr. worked in Texas, Nebraska, Michigan, and Florida.

Aproximadamente 2 millones de braceros vinieron a los Estados Unidos para trabajar en granjas. La mayoría se dirigieron a estados que tenían granjas grandes, como California y Texas. Pero algunos braceros también fueron a estados en la región

These men walked across a bridge from Mexico to the United States to reach a bracero processing center in Hidalgo, Texas. ✳ Estos hombres cruzaron un puente a pie desde México hasta los Estados Unidos para llegar a un centro de procesamiento de braceros cerca de Hidalgo, Texas.

33

norcentral de EE.UU., incluyendo Wisconsin, Michigan, Ohio y Minnesota. Como bracero, Cristoval padre trabajó en Texas, Nebraska, Michigan y Florida.

When braceros first entered the United States from Mexico, they had to be examined in processing centers. This picture shows one of the worst parts of the exam. Americans sprayed braceros with a **chemical** called DDT because they thought the workers might be dirty. One former bracero remembers this moment clearly, saying, "The saddest part was that we were fumigated as if we were a herd of livestock—goats, pigs, dogs. . . .Where were our human rights during this time?"

＊ Cuando los braceros llegaron por primera vez a los Estados Unidos provenientes de México, tenían que ser examinados en centros de procesamiento. Esta fotografía muestra una de las peores partes de ese examen. Los estadounidenses rociaban a los braceros con un **químico** llamado DDT porque pensaban que los trabajadores podrían estar sucios. Un antiguo bracero recuerda este momento claramente diciendo: "La parte más triste era que nos fumigaban como si fuéramos una horda de animales, cabras, cerdos, perros. . . .¿Dónde estaban nuestros derechos humanos en ese tiempo?"

chemical (**kem** uh kuhl): a substance used in or made through chemistry ＊ **químico** (**ki** mi ko): sustancia utilizada o hecha a través de la química

34

American authorities only wanted to hire men who had previous experience with farm labor. Inspectors checked the braceros' hands for calluses, a sign that they had worked in the fields before. ✳ Las autoridades estadounidenses sólo querían contratar a hombres que tuvieran experiencia previa en trabajo agrícola. Los inspectores revisaban las manos de los braceros en busca de callos, como señal de que habían trabajado en los campos antes.

In many ways, the Bracero Program proved to be a great opportunity for the workers. The men earned more money than they could have made in Mexico. Most returned home when they finished their job contracts, which usually lasted for 3 or 4 months at a time. A lot of men signed up for multiple contracts so they could go back and forth between Mexico and the United States and work in different places. They used their earnings to build new houses or to improve their old ones in Mexico. Others bought useful goods like clothing and radios. Foot-powered sewing machines were also popular. A cotton grower in Arkansas remembered an unusual sight from when bracero workers

35

packed up their things to return to Mexico. Many men had
bought sewing machines that came built into a wooden table
with four spindly legs. They strapped these contraptions to
the top of a large truck, with the legs pointing up. With so
many sewing machines on top, that truck looked like a large
porcupine cruising down the road!

De muchas formas, el Programa Bracero demostró ser
una gran oportunidad para los trabajadores. Los hombres
ganaban más dinero de lo que habrían ganado en México.
La mayoría de ellos regresaron a sus hogares al terminar sus
contratos laborales, que normalmente duraban 3 o 4 meses.
Muchos hombres se comprometieron en varios contratos
para poder ir y venir entre México y Estados Unidos y trabajar
en diferentes lugares. Usaban sus ganancias para construir
casas nuevas o mejorar sus casas en México. Otros llevaban
artículos útiles como ropa y radios. Las máquinas de coser de
pedal también eran populares. Un productor de algodón en
Arkansas recordó una escena inusual cuando los trabajadores
braceros empacaban sus cosas para regresar a México.
Muchos hombres habían comprado máquinas de coser que

A bracero considers buying this sewing machine to take back with him to Mexico. Most likely, he would give it to his wife or mother, who would be happy to use this machine instead of sewing by hand. ✳ Un bracero considera comprar esta máquina de coser para llevarla consigo de regreso a México. Muy probablemente, se la daría a su esposa o a su madre, quien estaría feliz de usar esta máquina en vez de coser a mano.

venían integradas en una mesa de madera con cuatro patas largas y delgadas. Ataban estas artefactos a la parte superior de un gran camión, con las piernas apuntando hacia arriba. ¡Con tantas máquinas de coser encima, ese camión parecía un puercoespín viajando por la carretera!

American farmers liked the Bracero Program because most of the hired men from Mexico were skilled and dedicated laborers. Plus, the US government paid for the braceros' travel costs, which made the deal more affordable for farmers.

A los agricultores estadounidenses les gustaba el Programa Bracero porque la mayoría de los hombres contratados de México eran trabajadores calificados y dedicados. Además, el gobierno de EE.UU. pagaba los costos de viaje de los braceros, lo que hacía que el trato fuera más asequible para los agricultores.

Unfortunately, the Bracero Program also had some problems. For one thing, some farmers did not always pay the workers as much as they had earned. Other times, farmers provided farmworkers with poor housing that did not meet the living standards set by the agreement. These kinds of issues were common, and usually braceros had no power to solve them. In fact, the Mexican government initially did

Many braceros slept in large barracks that could feel quite cramped. These men had a cot in their barracks, a place to put a few personal items and a nail on the wall to hang their clothes. ✳ Muchos braceros dormían en grandes barracas que los hacían sentir como sardinas en lata. Estos hombres tenían un catre en sus barracas, un lugar en el cual poner varios artículos personales y un clavo en la pared donde colgar su ropa.

not allow braceros to work in Texas because that state had a reputation for being unfair and unfriendly to Mexican workers.

Desafortunadamente, el Programa Bracero también tenía algunos problemas. En ocasiones, algunos agricultores

39

no siempre le pagaban a los trabajadores todo el dinero
que se habían ganado. En otras ocasiones, los agricultores
proporcionaban a los trabajadores agrícolas viviendas precarias
que no cumplían con los estándares de vida establecidos por
el acuerdo. Estos problemas eran comunes y normalmente
los braceros no tenían el poder para resolverlos. De hecho,
inicialmente el gobierno mexicano no permitió a los braceros
trabajar en Texas debido a que ese estado tenía la reputación de
ser injusto y hostil hacia los trabajadores mexicanos.

* * *

Even today, some former braceros in Mexico are fighting to
be paid all of the money that they had earned long ago. The
Mexican government took 10 percent of the braceros' earnings
and promised to give it to them later, after they returned to
Mexico. Most braceros never got this money, however, and
many have been trying to get it ever since.

Incluso en la actualidad, algunos antiguos braceros en
México luchan por recibir el total del dinero que ganaron
hace mucho. El gobierno mexicano tomó el 10 por ciento de
las ganancias de los braceros y prometió devolverlo más tarde,

después de su regreso a México. Sin embargo, la mayoría de los braceros nunca recibió este dinero y muchos han intentado obtenerlo desde entonces.

Loneliness and homesickness made the program challenging for some men. They missed their families and homes. They also wished they could eat their own type of food. In some places, especially in the Southwest, farmers hired Mexican American women to cook traditional Mexican meals for the workers. The braceros liked this arrangement, and so did the women, who earned money because of their cooking skills. In other places where fewer Mexican Americans lived, like in the Midwest, braceros either had to eat American food or learn how to cook Mexican food for themselves. For example, one former bracero who worked in Wisconsin recalled how his friends finished his work in the fields so he could go back to the camp early and prepare dinner for the rest of them. He made tortillas, rice and beans, and meat flavored with **salsa de chile**. Tasting familiar food could not cure the braceros' loneliness, but it could remind them of home, even if only temporarily.

salsa de chile (**sahl** suh day **chee** lay): a sauce made of tomatoes, chili peppers, garlic, and spices

La soledad y nostalgia hizo que el programa fuera un reto para algunos hombres. Extrañaban a sus familias y a sus hogares. También deseaban poder comer su propia comida. En algunos lugares, especialmente en el suroeste, los agricultores contrataron mujeres mexicanas-estadounidenses para cocinar comidas mexicanas tradicionales para los trabajadores. A los braceros les gustaba este arreglo, y también a las mujeres, quienes ganaban dinero gracias sus habilidades en la cocina. En otros sitios en donde vivían menos mexicanos-estadounidenses, como en la región norcentral, los braceros tenían que comer comida estadounidense o aprender a cocinar comida mexicana. Por ejemplo, un ex bracero que trabajaba en Wisconsin recordó cómo sus amigos terminaban su trabajo en los campos para que él pudiera regresar al campamento temprano y preparar la cena para el resto de ellos. Preparaba tortillas, arroz y frijoles, y carne sazonada con salsa de chile. El sabor de la comida familiar no curaba la soledad de los braceros, pero les recordaba su hogar, aunque fuera temporalmente.

Working as a bracero had a major **impact** on Cristoval Sr. and, eventually, on his family as well. Cristoval Sr. was already an outgoing and adventurous young man, but this experience deepened those qualities. He loved meeting new people, learning new skills, and trying new foods. While working on an orchard in Nebraska, for instance, he saw apples for the first time. The farmer told him to try one and Cristoval Sr. did. He loved it! Years later when he told his children the story of that day, he exclaimed, "I've never [eaten] so many apples in my whole life!"

El trabajo de bracero tuvo un gran **impacto** sobre Cristoval padre y, posteriormente, también sobre su familia. Cristoval padre ya era un joven extrovertido y aventurero, pero esta experiencia acentuó esas cualidades. Le encantaba conocer a personas nuevas, aprender nuevas habilidades y probar comidas nuevas. Mientras trabajaba en un huerto en Nebraska, por ejemplo, vio una manzana por primera vez. El agricultor le dijo que probara una y así lo hizo Cristoval padre. ¡Le encantó! Años más tarde cuando le contó a sus hijos la

impact (**im** pakt): a strong impression on someone * **impacto** (im **pak** to): fuerte impresión sobre alguien

historia de ese día, exclamó, "¡Nunca comí tantas manzanas en toda mi vida!"

Cristoval Sr. rides a horse, circa 1953, during the time when he worked as a bracero in Texas. ✳ Cristoval padre monta un caballo, aproximadamente en 1953, durante el tiempo en el que trabajó como bracero en Texas.

More important, though, was that Cristoval Sr. learned how to make his way in a large and sometimes unfriendly world. "He was always very **gregarious** and outgoing and made friends easily," his son Cris remembers. "I know that he **encountered** a lot of **prejudice**, but he never showed it." Cristoval Sr. learned that the world was a big place with many kinds of people to meet and sights to see. "So he wanted his family to experience that," explains Cris.

Pero, lo más importante fue que Cristoval padre aprendió cómo abirse camino en un mundo vasto y en ocasiones hostil. "Siempre fue muy **gregario** y extrovertido y hacía amigos con facilidad", recuerda su hijo Cris. "Sé que se **encontró con** muchos **prejuicios**, pero nunca lo mostró". Cristoval padre aprendió que el mundo es un lugar grande con muchas personas por conocer y paisajes por ver. "Así que deseaba que su familia tuviera esa experiencia", explicó Cris.

gregarious (gruh **ger** ee uhs): very sociable and friendly   **encountered** (en **kown** tuhrd): met or experienced
prejudice (**prej** uh dis): an unfair opinion about someone based on their race, religion, or other characteristics
✳ **gregario** (gre **ga** rio): muy sociable y amistoso   **encontrarse con** (en kon **trar** se kon): conocer o experimentar   **prejuicio** (pre **jui** sio): opinión sobre alguien en basada en su raza, religión u otras características

While working on a farm near Somerset, Texas, in 1948, Cristoval Sr. met Marcelina Casillas at a **fiesta**. That night, they danced together to the music of Santiago Jiménez, an accordion player whose music was popular throughout South Texas and other parts of the southwestern United States. Soon afterward, Cristoval and Marcelina decided to get married. Over a period of 10 years, they had 3 children—Juan, Antonio, and Cris—all of whom grew to love music as much as their parents did.

Mientras trabajaba en una granja cerca de Somerset, Texas, en 1948, Cristoval padre conoció a Marcelina Casillas en una **fiesta**. Esa noche bailaron juntos al son de la música de Santiago Jiménez, un acordeonista cuya música era popular en el sur de Texas y otras partes del suroeste de Estados Unidos. Al

Here is Marcelina when she was a young woman. ✳ Esta es Marcelina cuando era joven.

fiesta (fee **es** tuh): a party or celebration, especially in Latin America or Spain ✳ fiesta (fies ta): celebración, especialmente en Latinoamérica o España

46

poco tiempo, Cristoval y Marcelina decidieron casarse. En un lapso de 10 años tuvieron 3 hijos: Juan, Antonio y Cristoval Jr., quienes llegaron a amar la música tanto como sus padres.

✳ ✳ ✳

With a family to provide for, Cristoval and Marcelina made a home by ranching in Texas.

Con una familia que dependía de él, Cristoval y Marcelina hicieron un hogar trabajando en los ranchos de Texas.

A Song about a Loved One
Canción sobre un ser amado

Cris Plata wrote this song about his father:

Cris Plata escribió esta canción sobre su padre:

★ ★ ★

"My Old Man"

"Mi Viejo"

My old man had calloused hands, but he had a gentle touch.
That was one side of him that I never saw too much.
As soon as I learned to walk, as soon as I learned to talk,
I told him so, told him so.
He said, "Boy."

Las manos del viejo eran callosas, pero suave era su tacto.

Ese fue un lado de él que nunca vi demasiado.

Tan pronto aprendí a caminar, tan pronto aprendí a hablar,

Así se lo dije, así se lo dije.

Él dijo, "Hijo".

✶ ✶ ✶

My old man was a working fool, never spent one day in school.

Came straight up from down in Mexico.

As soon as he learned to talk, as soon as he learned to walk,

He had to go, he had to go.

Man, life is hard. But you carry on.

Mi viejo fue un tonto que siempre trabajó, en la escuela ni un día pasó.

Vino directo desde México.

Tan pronto aprendió a hablar, tan pronto aprendió a caminar,

Se tuvo que marchar, se tuvo que marchar.

La vida es dura. Pero tú continúa.

✶ ✶ ✶

Come on, boy, sit up straight.

Good things come to those who wait.

But I guess he just waited his whole life,

Never got his pot of gold, all he got was just too old

To carry on.

Vamos, hijo, siéntate erguido.

Quienes esperan reciben frutos.

Pero supongo que él simplemente esperó toda su vida,

Nunca obtuvo un tesoro, sólo se volvió demasiado viejo
para continuar.

★ ★ ★

Man, life is hard.

La vida es dura.

★ ★ ★

My old man never had too much,

It was hard to hear him say,

What he wanted from his life, even on his dying day.

Son, even though you're grown,

I hate to leave you all alone, to carry on.

Mi viejo nunca tuvo mucho,

Era difícil escucharlo decir,

Qué deseaba de su vida, incluso el día de su muerte.

Hijo, aunque hayas crecido,

Lamento dejarte solo en el camino.

★ ★ ★

Man, life is hard. But you carry on.

La vida es dura. Pero tú continúa.

★ ★ ★

My old man could've sung the blues, but he just plumb-flat-
out-refused

To let this big old world come knock him down.

He stood up to every blow, and tried to never let it show.

Don't let it show, don't let it show.

Mi viejo pudo haberse dejado llevar por la derrota, pero se rehusó

A dejar que este gran mundo lo derrumbara.

Le dio la cara a cada golpe y siempre buscó ocultarlo.

No lo muestres, no lo muestres.

✳ ✳ ✳

Man, life is hard, but you carry on.

Hey, life is hard, but you carry on.

La vida es dura, pero tú continúa.

Oye, la vida es dura, pero tú continúa.

✳ ✳ ✳

Cris took these photographs of his parents, Marcelina and Cristoval Sr., in Texas around 1985. Like his father, Cris enjoys taking pictures and even studied photography as an adult for a short time. ✳ *Cris tomó estas fotografías de sus padres, Marcelina y Cristoval padre, en Texas alrededor de 1985. Al igual que su padre, Cris disfruta tomar fotos e incluso estudió fotografía brevemente de adulto.*

Why do you think Cris wrote this song about his father? What kinds of emotions does he seem to share in this song?

¿Por qué crees que Cris escribió esta canción sobre su padre? ¿Qué tipo de emociones parece compartir en esta canción?

3

Growing Up in Texas
Creciendo en Texas

Cristoval Sr., Marcelina, and Cris had their photograph taken at a professional studio in San Antonio, Texas, in 1957. ✳ Cristoval padre, Marcelina y Cris se toman una fotografía en un estudio fotográfico profesional en San Antonio, Texas, en 1957.

Cris spent the first 7 years of his life in Texas, where he and his family lived year-round. They shared a house with Cris's aunt and uncle, Josefina and Alberto Lopez, and their 7 children. The Platas lived in the basement of the house and the Lopez family lived upstairs.

Baby Cris sits outside on a blanket at his first home on the Poteet ranch in 1955. ✳ Cris de bebé sentado afuera sobre una cobija en su primera casa en el rancho Poteet, en 1955.

Cris pasó los primeros 7 años de su vida en Texas, en donde él y su familia vivían todo el año. Compartían la casa con los tíos de Cris, Josefina y Alberto López, y sus 7 hijos. Los Plata vivían en el sótano de la casa y la familia López vivía arriba.

53

In the winter months both families stayed on a ranch near Poteet, a small town in south-central Texas. During the summer months they migrated to northwestern Texas to work on large farms picking cotton near Westbrook and Colorado City. The years that the Plata family migrated around Texas prepared them for the much longer journey they would one day take to Wisconsin.

En los meses de invierno, ambas familias se quedaban en un rancho cerca de Poteet, un pequeño pueblo en el centro-sur de Texas. Durante los meses de verano emigraban al noroeste de Texas para trabajar en grandes granjas recogiendo algodón cerca de Westbrook y Colorado City. Los años que los Plata migraron por todo Texas los prepararon para el viaje mucho más largo que harían a Wisconsin un día.

Life on a ranch was hard work, especially for the adults in Cris's family. The Platas and the Lopezes did not own the land or the house they lived in. The land and the house belonged to an Anglo rancher named Mr. Clark. The Plata and Lopez families performed much of the work that kept the ranch going. These jobs provided them with a place to live and money for food and other basic needs.

La vida en un rancho era trabajo duro, en especial para los adultos en la familia Cris. Los Plata y los López no eran propietarios de las tierra ni de la casa en la que vivían. La tierra y la casa pertenecía a un ranchero angloamericano llamado Sr. Clark. Las familias Plata y López hacían mucho del trabajo que mantenían el rancho funcionando. Estos trabajos les proporcionaban un sitio para vivir y dinero para alimentos y otras necesidades básicas.

Cris's father and Uncle Alberto spent most of their time fixing fences and tending to the cattle and horses. They were called ranch hands. Cris's mother and Aunt Josefina cared for the house and the children. Thinking back to that time, Cris says, "It was a lot of work for two women to cook and clean for all those people."

El padre de Cris y el tío Alberto dedicaban la mayoría del tiempo reparando cercas y atendiendo el ganado y los caballos. Se les llamaba peones. La madre de Cris y la tía Josefina cuidaban de la casa y de los niños. Al recordar esos tiempos, Cris dice, "Era mucho trabajo para dos mujeres cocinar y limpiar para todas esas personas".

✳ ✳ ✳

Every day the women pumped water from a well and hauled it in buckets to their house to use for cooking, bathing, gardening, and as drinking water for their animals. They also made their own soap and watered and weeded vegetables in the garden. After butchering pigs and harvesting their vegetables, the women cleaned and **preserved** much of the food so the family could use it later.

Todos los días las mujeres bombeaban agua de un pozo y la llevaban en baldes a la casa para la cocina, aseo personal, jardinería y para dar de beber a sus animales. También hacían su propio jabón y regaban y desherbaban vegetales en el jardín. Después de matar cerdos y cosechar sus vegetales, las

preserved (pri **zurvd**): kept in an original state so it can be used later

mujeres limpiaban y **preservaban** muchos de los alimentos para que la familia pudiera consumirlos más tarde.

* * *

Starting at age 5, Cris also worked on the ranch. His parents **assigned** him the easiest chores because he was the youngest. He helped care for the animals that belonged to his family by feeding the pigs and gathering the chickens' eggs. Usually Cris did not mind these tasks, although sometimes the chickens scared him when he went to grab their eggs! Can you imagine getting pecked by chickens watching their eggs?

A partir de los 5 años, Cris también trabajó en el rancho. Sus padres le **asignaron** las tareas más sencillas pues él era el más joven. Ayudaba a cuidar de los animales que pertenecían a su familia alimentando a los cerdos y recolectando los huevos de las gallinas. Normalmente a Cris no le molestaban esas tareas, aunque en ocasiones las gallinas lo asustaban cuando iba a tomar sus huevos. ¿Te imaginas ser picoteado por gallinas que cuidan sus huevos?

assigned (ah **sınd**): gave someone a job to do * **preservado** (pre ser **va** do): conservado en estado original para poder usarse más tarde   **asignó** (a sig **no**): que le dio a alguien un trabajo a realizar

* * *

Out in the garden, the Platas grew tomatoes, onions, peppers, okra, and corn. Cris worked alongside his mother, hoeing and pulling weeds. He loved being outside in the garden. When he grew up, he realized that his experiences gardening as a child had a lasting impact on the way he chose to live his life as an adult.

En el jardín los Plata cultivaban tomates, cebollas, chile, quimbombó y maíz. Cris trabajaba con su madre, desyerbando y quitando maleza. Amaba estar afuera en el jardín. Cuando creció, se dio cuenta de que sus experiencias de infancia en el jardín tuvieron un impacto duradero sobre la forma en que eligió vivir su vida como adulto.

* * *

After he finished his ranch chores, Cris did what all children love to do: play! His parents did not earn much money, so they could not afford many store-bought toys. Usually, Cris relied on his surroundings and a lot of imagination for entertainment. One time his mother gave him an old broomstick. In his imagination, this ordinary household tool turned into a wild horse and he became a skilled cowboy. Cris also spent a lot of time near the corral where the real horses lived. He watched over them while he soared through the air on a swing that hung from a giant oak tree.

Después de terminar sus tareas en el rancho, Cris hacía lo que todos los niños aman hacer: ¡jugar! Sus padres no ganaban mucho dinero, así que no podían costear

Cris poses with his dog, Napolean, in front of his family's car and house near Somerset, Texas. Cristoval Sr. took this photograph around the time the Platas began migrating to Wisconsin in the mid-1960s. ✳ Cris posa con su perro, Napoleón, frente al auto y casa de su familia cerca de Somerset, Texas. Cristoval padre tomó esta fotografía cerca de la época en la que los Plata comenzaron a emigrar a Wisconsin, a mediados de los años 1960.

muchos juguetes comprados en la tienda. Normalmente, Cris dependía de sus alrededores y de mucha imaginación para entretenerse. En una ocasión, su madre le dio un palo de escoba viejo. En su imaginación, este ordinario utensilio doméstico se convirtió en un caballo salvaje y él se convirtió en un hábil vaquero. Cris también pasó mucho tiempo cerca del corral donde vivían los caballos reales. Los cuidaba mientras volaba por el aire en un columpio que colgaba de un roble gigante.

What does Cris remember most about the ranch near Poteet? "It was the nights, the full moons, sitting out on the railing on the corral, just listening to the animals rustle a little bit or eating their hay," he recalls. Can you imagine this scene? Do you remember a time when you sat outside and enjoyed the sights and sounds of nature?

¿Qué es lo que más recuerda Cris sobre el rancho cerca de Poteet? "Eran las noches, las lunas llenas, sentado en la barandilla del corral, simplemente escuchando a los animales moverse o comiendo heno", recuerda. ¿Puedes imaginar la escena? ¿Recuerdas algún momento en que te sentaste afuera y disfrutaste del paisaje y de los sonidos de la naturaleza?

The beautiful **scenery** and time spent with his family were positive parts of Cris's childhood. But he and his family faced challenges, too. Cris still remembers the feeling of hunger that he experienced, like his father before him, during this early period of his life.

El hermoso **escenario** y el tiempo que pasó con su familia fueron partes positivas de la infancia de Cris. Pero él y su su familia también enfrentaron desafíos. Cris aún recuerda la sensación de hambre que experimentó, como su padre antes que él, durante las primeras etapas de su vida.

The rancher paid the Platas about $30 a month. That small amount of money barely covered the family's basic needs. Once a month or so, the whole family went into Poteet to purchase food and supplies. They bought **lard** and 100-pound bags of beans, rice, and flour. Cris's mother had to make the

scenery (**see** nur ee): the natural outdoor environment or landscape   lard (lahrd): white grease used for cooking, made from melted fat ✳ **escenario** (es se **na** rio): entorno natural al aire libre o paisaje

food last until they got paid again. This meant that they all had to eat small **portions** at every meal. The food tasted good, but Cris usually wished they had more of it.

El ranchero pagaba a los Plata alrededor de $30 por mes. Esa pequeña cantidad de dinero apenas cubría las necesidades básicas de la familia. Alrededor de una vez al mes, la familia entera iba a Poteet a comprar alimentos y provisiones. Traían **manteca** y sacos de 100 libras con frijoles, arroz y harina. La madre de Cris debía hacer durar los alimentos hasta que recibieran su paga nuevamente. Eso significaba que todos debían comer **porciones** pequeñas en cada comida. La comida sabía bien, pero Cris normalmente deseaba que hubiera más.

Like many other Mexican and Mexican American families in Texas during the 1950s and 1960s, the Platas faced a difficult decision. Should they stay in their small, yet comfortable home on the ranch, even though they barely earned enough money to live? Or should they become migrant farmworkers to make more money? The Plata family

---

portion (**por** shuhn): the amount of food served on one plate during a meal ✳ **manteca** (man **te** ka): grasa blanca empleada para cocinar, hecha con grasa derretida   **porción** (por s**ion**): cantidad de alimentos servidos en un plato durante una comida

chose to migrate. Like the many thousands of poor families who had gone before them, the Platas traveled around Texas to follow the cotton harvest in the hope for a better life.

Al igual que muchas otras familias mexicanas y mexicanas-estadounidenses en Texas durante la década de los años 1950 y 1960, los Plata debían tomar una difícil decisión. ¿Debían quedarse en su pequeño, pero cómodo hogar en el rancho, incluso si apenas ganaban lo suficiente para vivir? ¿O debían convertirse en trabajadores agrícolas migratorios para ganar más dinero? La familia Plata decidió emigrar. Como muchas miles de familias pobres antes que ellos, los Plata viajaron por Texas para seguir la cosecha de algodón en busca de una mejor vida.

Cotton may be soft to the touch, but picking cotton felt **brutal** on the bodies of farmworkers. They wore canvas bags strapped across their chests and dragged the bags behind them as they walked through the fields. Ripened cotton is a fluffy material that grows in the middle of hard, prickly bolls

brutal (broo tuhl): cruel or very mean

that reminded some workers of cats' claws. Cotton bolls are so sharp they often tore the skin of farmworkers' hands when they pulled the cotton fibers off the plant to put into their sacks.

A cotton boll is a type of seed pod. When the boll was ready to harvest, farmworkers picked out the silky white fibers and tried to keep their fingers from being pricked by the hardened burrs. ✳ Una baga de algodón es un tipo de semilla. Cuando la baga estaba lista para ser cosechada, los agricultores sacaban las fibras sedosas y blancas y trataban de no pincharse los dedos con la corteza espinosa.

El algodón puede ser suave al tacto, pero recoger algodón tenía efectos **brutales** en el cuerpo de los trabajadores agrícolas. Ataban sacos de lona sobre el pecho y los arrastraban detrás de ellos conforme caminaban por los campos. El algodón maduro es un material esponjoso que crece en medio de cápsulas duras y espinosas que algunos trabajadores describían como garras de gato. Las cápsulas de algodón son tan filosas que a menudo rasgaban la

brutal (bru tal): cruel o muy malo

64

piel de las manos de los trabajadores agrícolas cuando halaban las fibras de algodón de la planta para colocarlas en sus sacos.

✳   ✳   ✳

When full, the sacks of cotton could weigh between 100 and 200 pounds! With the hot sun beating down on farmworkers' bodies, their job became even more difficult. A woman who remembers harvesting cotton in Texas noted that she "used to hate picking cotton [because] it was so **humiliating**." She said that pulling the heavy sacks all day made her feel like a horse instead of a human being. It hurt her knees, her back, and her pride.

¡Los sacos de algodón llegaban a pesar entre 100 y 200 libras cuando estaban llenos! Con el sol caliente sobre el cuerpo de los trabajadores agrícolas, el trabajo se hacía aún más difícil. Una mujer que recuerda cosechar algodón en Texas dijo que "odiaba recoger algodón [pues] era muy **humillante**". Dijo que halar los sacos pesados todo el día la hacía sentir como un caballo en vez de un ser humano. Lastimaba sus rodillas, su espalda y su orgullo.

humiliating (hyoo **mil** ee ay ting): making you feel embarrassed ✳ **humillante** (u mi **yan** te): que te hace sentir avergonzado

✳ ✳ ✳

Once farmworkers filled their sacks, they lugged them to a scale. A foreman then weighed the cotton and emptied it into a wagon. Farmworkers picked cotton as long as the sun shone—from "can see to can't see," some people said—and earned about 10 cents for every 100 pounds they collected.

It seemed like a lot of effort for very little pay.

Cris's older brother, Antonio, holds an empty cotton sack in a field near Colorado City, Texas, in 1960. Notice the ripe cotton ready to be picked. ✳ El hermano mayor de Cris, Antonio, sostiene un saco vacío de algodón en un campo cerca de Colorado City, Texas, en 1960. Observa el algodón maduro listo para ser recogido.

Una vez que los trabajadores agrícolas llenaban sus sacos, los arrastraban hasta una balanza. Luego un capataz pesaba el algodón y lo vaciaba en una carreta. Los trabajadores agrícolas recogían el algodón siempre que brillara el sol, desde "puedo ver hasta ya no puedo ver", y ganaban alrededor de 10 centavos por cada 100 libras recogidas. Parecía ser bastante esfuerzo por muy poca paga.

Shared Memories
Memorias compartidas

Isabel Flores, whose family members were migrant farmworkers, wrote this poem. Although she and Cris Plata did not know each other, they both spent time in the cotton fields as children.

Isabel Flores, cuyos familiares eran trabajadores agrícolas migratorios, escribió este poema. Aunque Cris Plata y ella no se conocían, ambos pasaron tiempo en los campos de algodón cuando eran niños.

✶ ✶ ✶

"I Remember"
"Recuerdo"

I remember riding on my mother's
sacka [sack] as she picked cotton
in the middle of two *surcos* [rows]

Recuerdo andar en la
sacka [saco] de mi madre mientras recogía algodón
en medio de dos surcos

✶ ✶ ✶

lonches [lunches]
tortillas *y frijoles* [and beans]

67

in an opened field with
the dust and the wind

lonches [almuerzos]
tortillas y frijoles
en un campo abierto con
el polvo y el viento

★ ★ ★

terremote [whirlwind]
fights in the fields with the other kids
las risas y gritos [laughs and shouts]
in the middle of the *lavor* [work]

terremoto [remolinos]
peleas en los campos con los otros niños
las risas y gritos
en medio de la

★ ★ ★

I remember watching a cloud
slowly covering the sun
and giving thanks
for the minutes of shade

Recuerdo ver una nube
cubriendo el sol lentamente
y agradeciendo
por los minutos de sombra

✶ ✶ ✶

don [father] Felipe
leather straps around his knees
to kneel as he picked
el algodón [cotton]

don Felipe
con correas de cuero alrededor de las rodillas
para hincarse mientras recogía
el algodón

✶ ✶ ✶

Lupe, *esposa de Moro* [wife of Moro]
in the field with all
her twelve children

Lupe, esposa de Moro
en el campo con
sus doce hijos

✶ ✶ ✶

I remember hearing the whistling
of Ramiro as he worked

Recuerdo escuchar los silbidos
de Ramiro mientras trabajaba

✶ ✶ ✶

Gloria *"la chula"* [the cutie]
powdering her face
in the middle of the lavor

Gloria "la chula"
polveando su rostro
en medio de la labor

* * *

the taste of fresh water
from the *bote de agua* [water jug]
in the truck at noon
when the sun was burning the world

el sabor del agua fresca
del bote de agua
en el camión a mediodía
cuando el sol quemaba el mundo

* * *

a fifty pound
sack of cotton

un saco de algodón
de cincuenta libras

* * *

I remember my father saying
"*Apúrate, muchacha, apúrate* [Hurry up, girl, hurry up]
you dream of crazy things.
¡Trabaja, muchacha—
Trabaja!" [Work, girl, work!]

Recuerdo a mi padre decir
"Apúrate, muchacha, apúrate
sueñas cosas locas.
¡Trabaja, Muchacha—Trabaja!"

70

What does this poem tell us about the details of picking cotton?
Why do you think these memories stood out the most to Isabel?

¿Qué nos dice este poema sobre los detalles de recoger algodón?
¿Por qué crees que estos recuerdos fueron los más destacados para
Isabel?

Men, women, and children all worked together in the cotton fields. Since Cris was so young, however, his parents did not expect him to pick very much. They gave him a hoe, which he used to hack down the tall weeds that grew next to the cotton plants. But, mostly, he ran through the fields pretending he was an explorer in the wilderness. One time he climbed on top of a tractor with other children who were too young to pick cotton. What do you think Cris imagined as he sat on that tractor? He pretended he was a cowboy riding his horse through the **vast** Texas fields!

Los hombres, las mujeres y los niños trabajaban juntos en los campos de algodón. Sin embargo, ya que Cris era tan joven, sus padres no esperaban que recogiera mucho. Le dieron un

vast (vast): very large in area

71

azadón, que usaba para cortar las hierbas altas que crecían junto a las plantas de algodón. Pero pasaba la mayor parte del tiempo corriendo por los campos simulando que era un explorador en tierras salvajes. Una vez subió a la cima de un tractor con otros niños que eran demasiado jóvenes para recoger algodón. ¿Qué crees

Six-year-old Cris poses for a photo on top of a tractor with other children in Colorado City, Texas, in 1960. ✳ Cris, de seis años, posa para una foto montado en un tractor con otros niños en Colorado City, Texas, en 1960.

que Cris imaginaba mientras estaba en ese tractor? ¡Imaginaba que era un vaquero montado a caballo por los **vastos** campos de Texas!

vasto (**vas** to): de área muy grande

Cris used his imagination to entertain himself and pass the time. However, most farmworkers—including his parents and older brothers—could not ignore the reality that faced them in the fields. They had to **focus**, making sure to pick as much cotton as possible. When problems arose, they took care of them quickly. For example, the sharp cotton bolls sometimes ripped holes in the sacks. When the holes appeared, Cristoval Sr. would prepare a paste out of flour and water, mix it with pieces from an extra cotton sack, and patch the holes. He and other farmworkers did not want to risk losing any cotton while they worked!

Cris usaba su imaginación para entretenerse y pasar el tiempo. Sin embargo, la mayoría de los trabajadores agrícolas, incluyendo sus padres y hermanos mayores, no podían ignorar la realidad a la que se enfrentaban en los campos. Tenían que **concentrarse** para asegurarse de recoger tanto algodón como fuera posible. Cuando surgían los problemas, los resolvían rápidamente. Por ejemplo, las filosas cápsulas de algodón en ocasiones rasgaban hoyos en los sacos. Cuando se hacían

focus (foh kuhs): pay close attention ✳ **concentrarse** (kon sen **trar** se): prestar mucha atención

hoyos, Cristoval padre preparaba una pasta de harina y agua, la mezclaba con partes de un saco de algodón extra y parchaba los hoyos. ¡Él y los otros trabajadores agrícolas no querían perder algodón mientras trabajaban!

* * *

When the sun finally started to set, the Platas went back to the shacks provided by the growers. They lived there temporarily. The women immediately began preparing dinner and doing housework. For women, especially, there was little time to rest.

Cristoval Sr. took this photograph of Cris with his godfather in Tipton, Indiana, in the early 1960s. Growers used old school buses to bring farmworkers from field to field so they could pick tomatoes in different areas. Cris remembers bouncing in the seats as the bus traveled along bumpy gravel roads. * Cristoval padre tomó esta fotografía de Cris con su padrino, en Tipton, Indiana, a comienzos de los años 1960. Los hacendados usaban viejos autobuses escolares para traer a los agricultores del campo, para que pudieran recoger tomates en diferentes áreas. Cris recuerda dar saltos en el asiento cuando el autobús viajaba por caminos desnivelados de grava.

Cuando finalmente atardecía, los Plata regresaban a las chozas proporcionadas por los productores. Vivían allí temporalmente. Las mujeres inmediatamente comenzaban a preparar la cena y a hacer sus labores domésticas. Para las mujeres, especialmente, había poco tiempo para descansar.

* * *

Once the chores were done at the end of the evening, the Platas spent their small amount of free time playing and listening to music. Cris's mother, Marcelina, was the best singer in the family. She sang during the day while she worked in the fields, while Cristoval Sr. usually sang during the family's nighttime music sessions. He played traditional Mexican music with his guitar and accordion and taught his sons to do the same. Cris's father and older brothers first encouraged him to play the guitar when he was only 4 or 5 years old. Cris learned a lot by watching and listening to others create music. These nights were the start of many years of music making for Cris.

Una vez terminadas las tareas al final de la tarde, los Plata pasaban el poco tiempo libre que tenían tocando y escuchando música. La madre de Cris, Marcelina, era la mejor cantante de

Cris and his childhood friend Salvador stand in front of two one-room shacks where their families lived near Paducha, Texas, in 1963. Cris remembers the huge tarantulas that ran around this place. ✳ Cris y su amigo de infancia, Salvador, están al frente de dos chozas de una habitación en las que sus familias vivían cerca de Paducha, Texas, en 1963. Cris recuerda las enormes tarántulas que había alrededor de este lugar.

la familia. Cantaba durante el día mientras trabajaba en los campos, mientras que Cristoval padre generalmente cantaba durante las sesiones musicales nocturnas de la familia. Tocaba música tradicional mexicana con su guitarra y acordeón y enseñó a sus hijos a hacer lo mismo. Al principio el padre y

76

los hermanos mayores de Cris lo animaron a tocar la guitarra cuando tenía solamente 4 o 5 años. Cris aprendió mucho observando y escuchando a otros crear música. Esas noches fueron el inicio de muchos años de creación de música para Cris.

Remembering those evenings, Cris says, "I don't know how they had the energy to actually try and entertain themselves at night. I would imagine that after working all day long, the last thing you'd want to do was sit around and play guitar." He has come to realize that by creating music together the family did more than just entertain themselves. Music helped his family build close bonds and it also comforted them. During the days, they **toiled** in the sun. But in the evenings, they produced beautiful sounds together. Although they faced hard times, they had their music and they had each other.

Al recordar esas noches, Cris dice, "No sé como tenían la energía para tratar de entretenerse en la noche. Pensaría que después de trabajar todo el día, lo último que deseabas

toiled (**toi** uhld): worked very hard

era sentarte a tocar guitarra". Se ha dado cuenta que al crear música juntos la familia hacía más que simplemente entretenerse. La música ayudaba a crear lazos estrechos y también les daba consuelo. Durante el día, se **esmeraban** bajo el sol. Pero en las tardes, producían hermosos sonidos juntos. Aunque enfrentaban tiempos difíciles, tenían su música y se tenían el uno al otro.

✳   ✳   ✳

For a few years, the Plata family got used to this **routine**. They lived on the Poteet ranch during the winter and spring. Then they picked cotton in West Texas during the summer and fall. But even though they all worked hard, they still did not earn enough money to fully support the family.

Durante un par de años, la familia Plata se acostumbró a esta **rutina**. Vivían en el rancho Poteet durante el invierno y la primavera. Recogían algodón en el oeste de Texas durante el verano y el otoño. Pero aunque todos trabajaban duro, aún no ganaban suficiente dinero para mantener completamente a la familia.

routine (roo **teen**): a way of doing things that is repeated the same way each time ✳ **esmerarse** (es me **rar** se): trabajar muy duro   **rutina** (rru **ti** na): forma de hacer las cosas que se repite de la misma forma cada vez

* * *

Cristoval Sr. learned about job opportunities in far-off places with names like Indiana, Michigan, and Wisconsin. He wondered if he could find better jobs there. Cristoval Sr. and Marcelina considered this option for their family, and they decided to take a chance. Unknown to Cris at the time, it was a decision that would shape the rest of his life.

Cristoval padre se enteró sobre oportunidades de trabajo en lugares lejanos con nombres como Indiana, Michigan y Wisconsin. Se preguntaba si podía encontrar mejores trabajos allí. Cristoval padre y Marcelina consideraron esta opción para su familia y decidieron arriesgarse. Sin que Cris lo supiera entonces, esa decisión marcaría el resto de su vida.

4

Heading North
Hacia el norte

Plata Family's Migrations/
Las migraciones de la familia Plata

N
W E
S

Columbus

Tipton

Big Spring
Colorado City/
Ciudad de Colorado
Westbrook

Jonesboro
Little Rock

Mississippi River / Río Misisipi

ATLANTIC OCEAN/
OCÉANO ATLÁNTICO

Somerset
Poteet

Homestead

Key/Clave
Route/Ruta

Gulf of Mexico/
Golfo de México

The route from South Texas to Wisconsin spanned more than 1,300 miles! The Platas passed through many states and Cris watched the landscape change from the backseat of their car. ✳ ¡La ruta desde el sur de Texas a Wisconsin se extendía más de 1,300 millas! Los Plata pasaban a través de muchos estados y Cris observaba el cambio del paisaje desde el asiento trasero del auto.

The Plata family migrated from Texas to the Midwest for the first time in 1960, when Cris was nearly 6 years old. They worked in the tomato fields near Tipton, Indiana. They were used to driving long distances around Texas to follow the cotton harvest, but the trip from Texas to Indiana took much longer. When they traveled all the way to Wisconsin in 1966, they drove for nearly 4 full days to complete the journey!

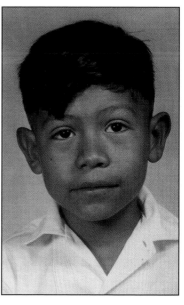

Cris's first-grade school portrait shows what he looked like when he began migrating to the Midwest in 1960. ✴ El retrato de primer grado de Cris muestra cómo se veía cuando comenzó a emigrar por la región norcentral en los años 1960.

La familia Plata emigró desde Texas hasta la región norcentral de los Estados Unidos por primera vez en 1960, cuando Cris tenía casi 6 años. Trabajaban en los campos de tomate cerca de Tipton, Indiana. Estaban acostumbrados a conducir a través de largas distancias alrededor de Texas para seguir la cosecha de algodón, pero el viaje desde Texas hasta Indiana tomó mucho más tiempo. ¡Cuando viajaron hasta Wisconsin en 1966, condujeron durante casi 4 días para completar el viaje!

81

Farmworkers planned their migration around the harvest seasons of different crops. Although all migrant farmworkers had to move from place to place to find work, they did not all have the same experiences. Some farmworkers became experts at harvesting only one or two kinds of crops, while others learned how to harvest many different types. When the Platas first became migrant farmworkers in the mid-1950s, they traveled within Texas and only picked cotton. When they decided to go to the Midwest in 1960, they learned how to plant, hoe, and harvest tomatoes, too.

Los trabajadores agrícolas planificaban su migración alrededor de las temporadas de cosecha de diferentes cultivos. Aunque todos los trabajadores agrícolas migratorios debían mudarse de sitio en sitio para encontrar trabajo, no todos tuvieron las mismas experiencias. Algunos trabajadores agrícolas se convirtieron en expertos en cosechar solamente uno o dos tipos de cultivos, mientras otros aprendieron a cosechar muchos diferentes tipos. La primera vez que los Plata se convirtieron en trabajadores agrícolas migratorios a mediados de la década de 1950, viajaron por el interior de Texas y solamente recogían algodón. Cuando decidieron ir a la región norcentral en 1960, aprendieron a plantar, azadonar y cultivar tomates, también.

* * *

Other migrant families worked on many different kinds of farms in one year. For example, the Flores family, another family from Texas who first came to Wisconsin as migrant farmworkers and later settled permanently in the state, followed a different harvest cycle. They worked with sugar beets in Wyoming, cucumbers and potatoes in Wisconsin, tomatoes in Illinois, and cotton in Arizona. They did all of this in one year! No matter how many types of crops farmworkers tended, the most important thing was that they did it **efficiently** and carefully. This required skill, knowledge, and hard physical labor.

Otras familias emigrantes trabajaban en muchos diferentes tipos de granjas en un año. Por ejemplo, la familia Flores, otra familia de Texas que vino a Wisconsin por primera vez

efficiently (uh **fish** uhnt lee): doing something without wasting time or energy

83

como trabajadores agrícolas migratorios y que más tarde se
estableció permanentemente en el estado, seguía un ciclo
de cosecha diferente. Trabajaron con remolachas azucareras
en Wyoming, pepinos y patatas en Wisconsin, tomates en
Illinois y algodón en Arizona. ¡Hacían todo eso en un año!
No importaba cuántos tipos de cultivos atendieran los

Farmworkers harvest tomatoes in the Rio Grande valley of Texas in 1970. ✳
Trabajadores agrícolas cosechan tomates en el valle del Río Grande de Texas en
1970.

trabajadores agrícolas, lo más importante era que lo hicieran **eficazmente** y cuidadosamente. Esto requería destreza, conocimientos y trabajo físico arduo.

∗   ∗   ∗

Before farmworkers could begin their work, though, they had to make their long journey. The Platas learned how to get to the Midwest from other Mexican American farmworkers who already knew the route. They traveled in a large **convoy** with other families from South Texas. Mr. Garza, a neighbor and friend of the Plata family, owned a couple of large trucks that he used for transporting workers. About 15 cars—filled with men, women, and children of all ages—followed these trucks that led the way north. Cris was lucky that his parents owned a car because it made the journey more comfortable than the trip was for those who had to ride in the back of a truck.

Sin embargo, antes de que los trabajadores agrícolas pudieran iniciar su trabajo, tenían un largo viaje que hacer. Los Plata aprendieron cómo llegar a la región norcentral a través

convoy (**kahn** voi): a group of vehicles traveling together ∗ **eficazmente** (eh fi **cas** men te): hacer algo sin desperdiciar tiempo o energía

This family of migrant farmworkers rests along the road after they arrived in Wisconsin in their small truck. Families tried to drive their own vehicles whenever possible so they could stop for a break if they needed. ✳ Esta familia de trabajadores agrícolas emigrantes descansa a un lado del camino después de llegar a Wisconsin en su pequeño camión. Las familias trataban de manejar sus propios vehículos cuando fuera posible para que pudieran detenerse si era necesario.

de otros trabajadores agrícolas mexicanos-estadounidense que ya conocían la ruta. Viajaron en un gran **convoy** con otras familias del sur de Texas. El Sr. Garza, un vecino y amigo de la familia Plata, era dueño de un par de camiones grandes que

convoy (**kon** voi): grupo de vehículos que viajan juntos

usaba para transportar a los trabajadores. Aproximadamente 15 autos llenos de hombres, mujeres y niños de todas las edades siguieron a estos camiones que dirigían el camino hacia el norte. Cris tuvo la suerte de que sus padres fueran propietarios de un auto, ya que hizo el viaje más cómodo que para quienes tenían que viajar en la parte trasera de un camión.

Riding in Trucks
Viajando en camiones

Think about what it would be like to ride in the back of a truck for 2, 3, or even 4 days straight. It was hot, dark, smelly, loud, and crowded! The truck drivers needed to arrive at their **destination** quickly, so they did not stop for breaks often. Sometimes parents would limit the amount of water their children drank during the drive so they would not have to use the bathroom too much along the way. Most truck drivers made only a few short stops for bathroom breaks, but some drivers forced the riders to use a basin located in the back of the truck. This was difficult and embarrassing, so farmworkers avoided riding with those drivers if they could.

destination (des tuh **nay** shuhn): the place where someone is traveling to

Piensa cómo sería viajar en la parte trasera de un camión durante 2, 3 o incluso 4 días consecutivos. ¡Estaba caliente, oscuro, olía mal, era ruidoso y atestado de personas! Los conductores de los camiones debían llegar a su **destino** rápidamente, así que no tomaban descansos a menudo. En ocasiones los padres limitaban la cantidad de agua que sus hijos tomaban durante el viaje para que no tuvieran que usar el baño demasiado durante el camino. La mayoría de los conductores de camiones solamente hacía pequeñas paradas para el baño, pero algunos conductores forzaban a los viajeros a usar una palangana en la parte trasera del camión. Esto era difícil y vergonzoso, así que los trabajadores agrícolas evitaban viajar con esos conductores si era posible.

✳ ✳ ✳

Some drivers tried to keep the riders safe on the long trips by arranging them carefully in the back. To protect the oldest and youngest people, the truckers loaded them in first, where they would be exposed to fewer **exhaust fumes**. The strongest workers, usually young men, had to sit or stand near the back and inhale these dangerous **vapors**. Farmworkers tried to save enough money to purchase their own vehicles as soon as possible, so they could have more freedom and suffer less during their many journeys.

exhaust fumes (eg **zawst** fyoomz): gases produced by an engine   **vapor** (**vay** pur): gas that is formed from a liquid at high temperatures   ✳   **destino** (des **ti** no): lugar al que alguien se dirige

Algunos conductores intentaban mantener a los viajeros seguros en los viajes largos organizándolos cuidadosamente en la parte trasera. A fin de proteger a los más viejos y a los más jóvenes, los camioneros los hacían subir primero donde estuvieran expuestos a menos **gases de escape**. Los trabajadores más fuertes, generalmente hombres jóvenes, debían sentarse o estar de pie cerca de la parte trasera e inhalar estos peligrosos **vapores**. Los trabajadores agrícolas intentaron ahorrar suficiente

Many farmworkers rode in trucks like this one during their journeys north. The Platas followed trucks like this when they first traveled to the Midwest in a convoy with their fellow Texans. ✳ *Muchos trabajadores agrícolas viajaban en camiones como éste durante sus travesías al norte. Los Plata siguieron camiones similares cuando viajaron a la región norcentral en un convoy con sus compañeros texanos.*

dinero par comprar sus propios vehículos tan pronto como fuera posible para tener más libertad y sufrir menos durante sus muchos viajes.

gases de escape (**ga** ses de es **ka** pe): gases producidos por un motor   **vapor** (va **por**): gas formado de un líquido en temperaturas altas

89

Even with their own vehicle, the Platas still had to give a lot of thought to how they prepared for the trip. Cris's mother packed the car. With little room, she could only bring the basics. "It was just the stuff that you needed to live on," Cris recalls. Marcelina Plata filled a large metal dishpan with cooking and eating utensils, like plates, spoons, a couple of frying pans, a board used for preparing tortillas, and a *molcajete*, which is a three-legged stone bowl used for grinding spices and making salsas.

Marcelina Plata used a *molcajete* like this one to prepare food for her family. No matter where the Platas headed, Marcelina always brought along this important object. Today Cris owns his mother's *molcajete* and uses it often to make salsa. ✳ Marcelina Plata usaba un molcajete como éste para preparar comida para su familia. Sin importar adónde fueran los Plata, Marcelina siempre llevaba consigo este importante objeto. Hoy en día, Cris tiene el molcajete de su mamá y lo usa a menudo para hacer salsa.

Incluso con su propio vehículo, los Plata tuvieron que pensar bien cómo prepararse para el viaje. La madre de Cris empacó el auto. Con poco espacio, solamente podía llevar lo básico. "Eran solamente las cosas que necesitábamos para vivir", recuerda Cris. Marcelina Plata llenaba un gran recipiente de metal con utensilios de cocina y para comer, como platos, cucharas, un par de sarténes, una tabla usada para preparar tortillas, y un molcajete, que es un recipiente de piedra con tres patas usado para moler especias y preparar salsas.

These objects were important to Cris's family because, he explains, they "were going to eat the same food no matter where [they] went." The Platas also carried work clothes, blankets, hats, and shoes. With all their items in place, the family of 5 piled into their car. Cris's parents sat in front, while he and his brothers—who were 6 and 10 years older—sat in the backseat. When they first began migrating, Cris was small enough to sit on the floorboard between his brothers' legs. Over the 11 years that they traveled to Wisconsin, as Cris grew older and bigger, he sat on the seat with his brothers. This tight seating made the rides feel longer.

Estos objetos eran importantes para la familia de Cris ya que, como él mismo explica, ellos "comerían la misma comida sin importar adónde fueran". Los Plata también llevaban ropa de trabajo, mantas, sombreros y zapatos. Con todas sus pertenencias empacadas, la familia de 5 se apilaba en el auto. Los padres de Cris se sentaban adelante, mientras que él y sus hermanos, quienes eran 6 y 10 años mayores que él, se sentaban en el asiento trasero. Cuando empezaron a migrar, Cris era lo suficientemente pequeño para sentarse en los tablones entre las piernas de sus hermanos. Durante los 11 años siguientes en los que viajaron a Wisconsin, a medida que Cris creció, se sentó en el asiento con sus hermanos. Esta disposición más apretada hizo que los viajes parecieran más largos.

Cris thought parts of these trips were exciting. He liked looking out the window and watching the **landscape** change. He saw the wide-open plains of West Texas, the tall pine trees in Arkansas, the rolling hills in Missouri, and the endless fields of corn in Illinois. To this day, Cris still enjoys seeing the different landscapes across the United States. It was also during these

landscape (**land** skayp): an area of land that can be seen from one spot

drives that Cris's father taught him how to read a map—an important skill for migrant farmworkers to know. Cris also liked it when his parents stopped for picnics at rest areas. Sometimes he ate bologna sandwiches and potato chips and drank soda. This food seemed like a treat because it was so different from the Mexican food his mother normally cooked.

Cris creía que partes de estos viajes eran emocionantes. Le gustaba mirar por la ventana y contemplar los cambios en el **paisaje**. Veía las planicies abiertas del oeste de Texas, los altos pinos en Arkansas, las colinas en Misuri y los interminables maizales en Illinois. Hasta este día, Cris aún disfruta contemplar los diferentes paisajes en los Estados Unidos. También fue durante estos viajes que el padre de Cris le enseñó a leer un mapa, una habilidad importante para los trabajadores agrícolas migratorios. A Cris también le agradaba cuando sus padres se paraban a disfrutar de un día de campo en las áreas de descanso. En ocasiones comía emparedados de mortadela y papas fritas y bebía soda. Este tipo de comida parecía un pequeño lujo ya que era muy diferente de la comida mexicana que su madre cocinaba normalmente.

paisaje (pai **sa** je): área de tierra que puede verse desde un lugar

* * *

Although Cris enjoyed these parts of migrating, he disliked others. Because farmworkers had to follow the harvest season, the Platas left their home in Poteet around March or April—right in the middle of the school year. Cris **resented** having to leave behind his home, school, and friends. "Getting uprooted is very difficult when you're a kid," he remembers.

Aunque Cris disfrutaba de estas partes de la migración, había otras que le desagradaban. Debido a que los trabajadores agrícolas debían seguir la temporada de cosecha, los Plata dejaban su casa en Poteet alrededor de marzo o abril, justo a mediados del año escolar. Cris **resintió** tener que abandonar su hogar, su escuela y sus amigos. "Ser desarraigado es muy difícil cuando eres un niño", recuerda.

At the time, he blamed his parents for not having higher-paying jobs that would allow them to stay in one place. When he thinks about it now, though, he understands things differently. His parents did not want to uproot their children

resented (ri **zen** tuhd): felt anger toward someone or something ✳ **resintió** (re sin tio): que se enfadó con alguien o por algo

and make them move. But they felt they would have more work options if they headed north instead of staying in Texas year-round. They needed a job that would pay enough for a family of 5. "We would have been **destitute** as opposed to just living in **poverty**," Cris explains.

En ese tiempo, él culpaba a sus padres por no tener empleos con paga más alta que les permitieran permanecer en un solo lugar. Aunque, ahora, cuando reflexiona al respecto, comprende las cosas de forma diferente. Sus padres no deseaban desarraigar a sus hijos y mudarse. Sin embargo, sentían que tendrían más opciones laborales si se dirigían al norte en vez de permanecer en Texas durante todo el año. Necesitaban un trabajo que pagara suficiente para mantener a una familia de 5. "Hubiésemos sido **indigentes** en vez de simplemente vivir en **pobreza**", Cris explica.

Another difficulty Cris faced as a migrant farmworker was meeting unfamiliar people. "I knew how to relate to Texans and Mexican American people," he says. "But when you got

destitute (**des** tuh toot): having no money, no food, and no place to live   poverty (**pov** ur tee): a situation in which you have very little money for things like food and a place to live   ✳ indigente (in di **gen** te): que no tiene dinero, ni comida ni un sitio donde vivir   pobreza (po **bre** sa): situación en la que tienes muy poco dinero para cosas como comida y un lugar para vivir

to a different place it was a totally different layout, and they spoke differently and they used different **idioms**. And so you had to be **minding your P's and Q's** [and be] respectful because you didn't know what they were going to act like."

Otra dificultad a la que se enfrentó Cris como trabajador agrícola migratorio fue encontrarse con personas desconocidas. "Sabía cómo relacionarme con los texanos y mexicanos-estadounidenses", dice. "Pero cuando llegas a un lugar diferente, la situación era completamente diferente, y hablaban de forma diferente y usaban **modismos**. Y entonces era necesario **cuidar los modales** [y ser] respetuoso pues no sabías cómo actuarían".

Once, while in Arkansas, Cris went into a grocery store to buy a candy bar. At first the white owner of the store ignored him. Cris did not leave, so the man called him names and yelled at him to get out. The store owner did not want to serve Cris because he was Mexican American. Like the white growers who thought people with brown skin deserved low-

idiom (id ee uhm): a commonly used expression with a meaning that is not clear if you do not already know it
minding your P's and Q's (mɪnd ing yur peez and kyooz): expression that means "being polite and behaving well" ✳ **modismo** (mo dis mo): expresión usada comúnmente con un significado que no es claro si no la conoces ya **cuidar los modales** (kui dar los mo da les): expresión que significa "ser cortés y tener un buen comportamiento"

quality housing and work that was difficult and very tiring, this store owner also believed in racial stereotypes that said Mexican and Mexican American people were unequal to and not as good as white people. This was not the first time that Cris had encountered **racial prejudice** or racism, but it still hurt his feelings. Whenever his family reached a new place, Cris wondered what kind of people they would meet and how they would be treated.

En una ocasión, mientras se encontraba en Arkansas, Cris se dirigió a una tienda de víveres para comprar una barra de caramelo. Al principio, el propietario blanco de la tienda lo ignoró. Cris no se marchó, entonces el hombre lo insultó y le gritó para que se fuera. El dueño de la tienda no quería atender a Cris porque era mexicano-estadounidense. Al igual que los productores blancos quienes pensaban que las personas de piel morena merecían viviendas de baja calidad y trabajo difícil y muy agotador, el dueño de la tienda también creía los estereotipos raciales que dictaban que las personas mexicanas y mexicanas-estadounidenses no eran iguales ni tan buenas como las personas blancas. Esta no era la primera

racial prejudice (**ray** shuhl **prej** uh dis): an unfair opinion about people based on their race

97

ocasión en la que Cris había enfrentado **prejuicio racial** o racismo, pero aún así hirió sus sentimientos. Siempre que su familia llegaba a un sitio nuevo, Cris se preguntaba qué clase de personas conocerían y cómo serían tratados.

This constant change and uncertainty made life as a migrant farmworker difficult, especially for children. Luckily for Cris, his family soon established a routine that would make their lives a bit easier. They discovered Wisconsin! When Cristoval Sr. found a steady job there, the family split their time between two homes: one in Texas and the other in Wisconsin—a place that would become important to all of them, especially Cris.

Este constante cambio e incertidumbre hicieron que la vida como trabajador agrícola migratorio fuera difícil, especialmente para los niños. Por suerte para Cris, su familia pronto estableció una rutina que facilitaria un poco sus vidas. ¡Descubrieron Wisconsin! Cuando Cristoval padre encontró un trabajo estable allí, la familia dividió su tiempo entre dos casas: una en Texas y la otra en Wisconsin, un lugar que sería importante para todos ellos, especialmente para Cris.

prejuicio racial (pre **jui** sio ra **sial**): opinión injusta sobre personas basada en su raza

5

A New Life for the Platas
Una vida nueva para los Plata

During the long car rides around the country, Cris saw many interesting places and landscapes, yet none compared to Wisconsin in his view. He loved its rich colors and natural beauty. "Wisconsin was like an emerald because it was so green," he says, recalling his earliest memories of the state. "The ground was so fertile. Everything grew." That first impression of Wisconsin has stayed with Cris for more than 40 years, although at the time, he never would have believed how special this place would become to him. The lives of the Platas changed for the better when they came to Wisconsin in 1966.

Durante los largos viajes en auto alrededor del país, Cris vio muchos sitios y paisajes interesantes, sin embargo, en su opinión, ninguno se comparaba con Wisconsin. Amaba sus ricos colores y belleza natural. "Wisconsin era como una esmeralda debido a que era muy verde", dice, pensando en sus primeros recuerdos del estado. "El suelo era tan fértil. Todo crecía". Esa primera impresión de Wisconsin ha permanecido con Cris durante más de 40 años, aunque en ese tiempo, nunca habría creído cuán especial sería este lugar para él. La vida de los Plata cambió para bien cuando llegaron a Wisconsin en 1966.

* * *

In the winter months, after the family had finished harvesting crops in the Midwest, they returned to Texas. Cristoval Sr. enjoyed mechanics and learned skills that helped him get a job for a company called Allis-Chalmers, which made tractors, plows, **combines**, and other kinds of farming equipment. Its headquarters were located in Wisconsin, but it also had testing grounds in Texas, where they tried out new equipment. Cristoval Sr. worked there and learned how to operate and fix farm machines. As he gained more experience, his skills improved and he became, Cris remembers, "a really good mechanic."

combine (**kahm** bin): a machine that harvests grain

En los meses invernales, después de que la familia terminaba de cosechar los cultivos en la región norcentral, regresaba a Texas. Cristoval padre disfrutaba de la mecánica y aprendió destrezas que le ayudaron a obtener un trabajo para una empresa llamada Allis-Chalmers, que fabricaba tractores, arados, **cosechadoras** y otros tipos de equipo agrícola. Sus oficinas centrales se encontraban en Wisconsin, pero también contaban con campos de prueba en Texas, donde probaban equipo nuevo. Cristoval padre trabajaba allí y aprendió a operar y reparar maquinaria agrícola. Conforme ganó más experiencia, sus destrezas mejoraron y se convirtió en "un muy buen mecánico", según lo recuerda Cris.

While working for Allis-Chalmers in Texas, Cristoval Sr. became friendly with two managers of the company who were from Wisconsin. Impressed with his mechanical abilities, they encouraged him to go to the Midwest, where he could operate and fix combines on large farms instead of picking crops. Cristoval Sr. liked this idea and wanted to see Wisconsin. When he thought about the new job, Cristoval Sr. said to himself, "It beats working in the fields!"

cosechadora (ko se cha **do** ra): máquina que cosecha granos

101

Mientras trabajaba para Allis-Chalmers en Texas, Cristoval padre entabló una amistad con dos gerentes de la empresa que eran originarios de Wisconsin. Impresionados con sus habilidades como mecánico, lo alentaron a dirigirse hacia la región norcentral de EE.UU., donde podía operar y reparar cosechadoras en grandes granjas en vez de recoger cosechas. A Cristoval padre le agradó esta idea y deseaba ver Wisconsin. Cuando pensó en el trabajo nuevo, Cristoval padre se dijo, "¡Es mejor que trabajar en los campos!"

When Cristoval Sr. began driving combines for Stokley-Van Camp, a large food-processing company in Wisconsin, many things changed for the Plata family. First, they spent more of the year living in Wisconsin. The job required that they live in Astico, Wisconsin, from April through October, at which point they returned to Texas. Also, the Plata family no longer harvested any crops by hand. Instead, Cristoval Sr. and Cris's older brothers Juan and Antonio drove large combines that harvested peas and, later, corn. Marcelina stopped working in the fields to become a full-time homemaker. Cris went to school.

Farmworkers hoeing cucumbers in a Wisconsin field during the 1960s. Large machines harvested most other crops in Wisconsin by this time, but people still weeded and picked cucumbers using simple tools and their bodies. ✳ Trabajadores agrícolas escardando un campo de Wisconsin durante los años 60. Grandes máquinas cosechaban la mayoría de los cultivos en Wisconsin para este momento, pero las personas todavía cosechaban pepinos usando herramientas simples y su cuerpo.

Cuando Cristoval padre comenzó a conducir cosechadoras para Stokley-Van Camp, una gran compañía procesadora de alimentos, muchas cosas cambiaron para la familia Plata.

Primero, pasaron más tiempo del año viviendo en Wisconsin. El trabajo requería que vivieran en Astico, Wisconsin, desde abril hasta octubre, en cuyo momento regresaban a Texas. Además, la familia Plata ya no cosechaba cultivos a mano.

The Plata men drove mobile pea combines like the one shown here. What differences do you notice between the farm labor happening in this picture compared to that in the cucumber field? ✳ Los hombres de la familia Plata conducían las cosechadoras de guisantes como la que se muestra aquí. ¿Qué diferencias notas entre el trabajo agrícola de esta foto comparado con el de los campos de pepinos?

En vez de eso, Cristoval padre y los hermanos mayores de Cris, Juan y Antonio, conducían grandes cosechadoras que cosechaban guisantes y, más tarde, maíz. Marcelina dejó de trabajar en los campos para convertirse en ama de casa de tiempo completo. Cris asistía a la escuela.

* * *

The Plata men preferred harvesting crops with machines instead of picking them by hand. It was not as stressful on their bodies, and they also earned more money. In addition, Cristoval Sr.'s job at Stokley-Van Camp gave them the chance to speak English, since most of the people who drove tractors were English-speaking whites. In this way, the Platas' experience was unique compared to other farmworkers. Most of the other Mexicans and Mexican Americans who worked for Stokley-Van Camp had jobs inside factories next to the fields. They packed the peas and corn into cans to be sent to supermarkets across the country.

Los hombres Plata preferían cosechar cultivos con máquinas en vez de recogerlos a mano. No era tan duro para ellos y también ganaban más dinero. Además, el trabajo de Cristoval padre en Stokley-Van Camp les dio la oportunidad de hablar inglés, ya que la mayoría de las personas que conducían tractores eran blancos angloparlantes. Esto hacía que la experiencia de los Plata fuera diferente comparada con la de otros trabajadores agrícolas. La mayoría del resto de los mexicanos y mexicanos-estadounidenses que trabajaban para Stokley-Van Camp tenían empleos dentro de las fábricas junto a los campos. Empacaban los guisantes y maíz en latas para enviarlos a supermercados en todo el país.

Changes in Wisconsin Farming
Cambios en la agricultura de Wisconsin

The Plata family's work in Wisconsin differed from that of earlier generations of farmworkers who had migrated to the state. Since the early twentieth century, farmworkers in Wisconsin had harvested crops by hand. Around 1920, they picked sugar beets. By the 1950s, they were also picking potatoes, beans, cherries, peas, and cucumbers.

El trabajo de la familia Plata en Wisconsin era diferente del de las generaciones anteriores de trabajadores agrícolas que migraban al estado. Desde principios del siglo veinte, los trabajadores agrícolas en Wisconsin cosechaban los cultivos a mano. Alrededor la década de 1920, recogían remolachas azucareras. Para la década de 1950, también recogían patatas, frijoles, cerezas, guisantes y pepinos.

After World War II, agriculture became more and more **industrial**. Scientists and manufacturers developed new machines, chemicals, and seeds that allowed fewer farmers to grow greater amounts of crops at a lower cost. Chemicals killed weeds that farmworkers used to hoe, and machines harvested the crops that farmworkers used to pick by hand.

Después de la Segunda Guerra Mundial, la agricultura se tornó cada vez más **industrial**. Los científicos y fabricantes desarrollaron nuevas máquinas, químicos y semillas que permitieron que menos granjeros produjeran mayores cantidades de cultivos a un menor costo. Los químicos mataban las hierbas malas que los trabajadores agrícolas antes azadonaban, y las máquinas cosechaban los cultivos que los trabajadores agrícolas solían recoger a mano.

* * *

All of these changes meant the loss of many small family farms and fewer jobs for farmworkers. On large vegetable farms, the farmers often replaced migrant workers with machines once they became available. Farmers used machines like the pea and corn combines that the Plata men drove. By the 1970s, those who continued to be farmworkers found less work in the fields and

industrial (in **dus** tree uhl): made using heavy machinery, and on a large scale ✳ **industrial** (in dus **trial**): elaborado usando maquinaria pesada y a gran escala

107

more inside the factories, where they were processed, packaged, and shipped crops. However, there were not enough of these new factory jobs for all farmworkers, and most of them went to men only.

Todos estos cambios significaban la pérdida de muchas pequeñas granjas familiares y menos trabajos para los trabajadores agrícolas. En grandes granjas de vegetales, los agricultores a menudo reemplazaban a los trabajadores emigrantes con máquinas una vez que éstas estaban disponibles. Los agricultores usaban máquinas como cosechadoras de guisantes y de maíz que los hombres de la familia Plata conducían. Para la década de 1970, quienes continuaban siendo trabajadores agrícolas encontraban menos trabajo en los campos y más dentro de las fábricas, en donde se procesaban, empacaban y despachaban los cultivos. Sin embargo, no había suficientes nuevos empleos de este tipo en fábricas para todos los trabajadores agrícolas, y la mayoría de se destinaban sólo a los hombres.

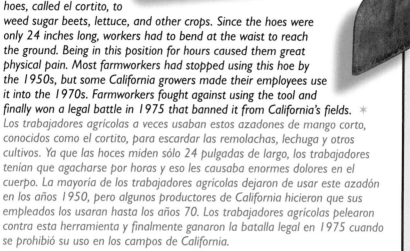

Farmworkers sometimes used these short-handled hoes, called el cortito, to weed sugar beets, lettuce, and other crops. Since the hoes were only 24 inches long, workers had to bend at the waist to reach the ground. Being in this position for hours caused them great physical pain. Most farmworkers had stopped using this hoe by the 1950s, but some California growers made their employees use it into the 1970s. Farmworkers fought against using the tool and finally won a legal battle in 1975 that banned it from California's fields. ✳

Los trabajadores agrícolas a veces usaban estos azadones de mango corto, conocidos como el cortito, para escardar las remolachas, lechuga y otros cultivos. Ya que las hoces miden sólo 24 pulgadas de largo, los trabajadores tenían que agacharse por horas y eso les causaba enormes dolores en el cuerpo. La mayoría de los trabajadores agrícolas dejaron de usar este azadón en los años 1950, pero algunos productores de California hicieron que sus empleados los usaran hasta los años 70. Los trabajadores agrícolas pelearon contra esta herramienta y finalmente ganaron la batalla legal en 1975 cuando se prohibió su uso en los campos de California.

Although the Platas did not work inside the canning factories with other migrant workers, they still shared housing with them. In Astico they lived together in a large, old farmhouse owned by the canning company that employed them. This aging building used to be the home of one white farming family who lived there year-round, but it had since been divided into separate apartments to be used by 5 or 6 migrant families. Instead of building new walls, the owners used old blankets to divide the space. These temporary walls provided some privacy, but not as much as the Platas would have liked. The house had electricity, but no indoor water or bathrooms.

Aunque los Plata no trabajaban dentro de las fábricas de enlatados con otros trabajadores emigrantes, aún compartían las viviendas con ellos. En Astico vivían juntos en una vieja granja grande, propiedad de la empresa de enlatados que les daba empleo. Este viejo edificio solía ser el hogar de una familia agricultora blanca que vivía allí durante todo el año, pero se había dividido en departamentos separados para ser ocupada por 5 o 6 familias emigrantes. En vez de construir muros nuevos, los propietarios usaron mantas viejas para dividir el espacio. Estas paredes temporales proporcionaban algo de privacidad, pero no como los Plata hubiesen deseado. La casa tenía electricidad, pero no tenía agua corriente o baños en el interior.

Here is another type of housing commonly used by farmworkers. The company Libby, McNeil, and Libby owned these large barracks in Hartford, Wisconsin. Farmworkers' bedding, clothing, and towels hang drying outside. ✳ Este es otro tipo de vivienda comúnmente usada por los trabajadores agrícolas. La compañía Libby, McNeil, and Libby era propietaria de estas grandes barracas en Hartford, Wisconsin. Las sábanas, ropas y toallas de los trabajadores están colgadas afuera para secarse.

While the 3 oldest Plata men drove combines, Marcelina worked inside the home. She continued to prepare and cook the meals, clean the clothes and their living space, and keep the family's things in order. She also made sure that Cris got ready for school every day, for he could not afford to miss any extra time in the classroom. Children of farmworkers often missed school because their families traveled so much.

Mientras los 3 hombres mayores de la familia Plata conducían las cosechadoras, Marcelina trabajaba dentro de la casa. Seguía preparando y cocinando los alimentos, lavando la ropa y limpiando su espacio en la vivienda y manteniendo las cosas en orden. También se aseguraba de que Cris se preparara para la escuela diariamente, ya que no podía perder más tiempo en la escuela. Los hijos de los trabajadores agrícolas a menudo perdían clases debido a que sus familias viajaban mucho.

Children and adults play ball at a migrant camp in Waushara County in 1967. Notice the temporary housing and outhouses in the background. Many migrant families lived in camps like this one throughout Wisconsin and the Midwest in the late twentieth century. ✷ Niños y adultos juegan pelota en un campo de trabajadores emigrantes en el Condado de Waushara en 1967. Observa las viviendas temporales y letrinas al fondo. Muchas familias emigrantes vivían en campos como éste en todo Wisconsin y la región norcentral en el siglo veinte.

After school ended for the summer, Cris spent most of his time playing with his friends who also lived in the migrant camp. Sometimes, instead of playing, he took on an unusual responsibility for an 11-year-old boy. A group of doctors and nurses used to travel around the countryside, from camp to camp, providing farmworkers with basic medical services.

113

Unfortunately, very few of these health-care workers knew how to speak Spanish, which made it difficult for them to talk with their patients. Since Cris could speak both English and Spanish **fluently**, he translated for them until he was about 17. He would listen to the Spanish speaker and then repeat what he or she said in English so the doctors and nurses could understand what the patient was saying. Then he would do the same when the English speaker spoke, translating his or her words into Spanish. Usually he did this right at the camp. A few times, when someone had a more serious health problem, he traveled with them to the hospital.

Después de terminar la escuela en el verano, Cris pasó la mayoría de su tiempo con sus amigos quienes también vivían en el campamento de emigrantes. En ocasiones, en lugar de jugar, asumía una responsabilidad poco usual para un niño de 11 años. Un grupo de doctores y enfermeras solían viajar por el campo, de campamento en campamento, proporcionando servicios médicos básicos a los trabajadores agrícolas. Desafortunadamente, muy pocos de estos profesionales de salud sabían español, lo cual dificultaba que se comunicaran con sus pacientes. Ya que Cris podía hablar inglés y español

fluently (floo uhnt lee): with the ability to speak a language easily and well

114

con **fluidez**, tradujo para ellos hasta que tuvo alrededor de 17 años. Escuchaba a la persona que hablaba español y luego repetía en inglés lo que esa persona decía para que los doctores y enfermeras pudieran entender lo que decía el paciente. Luego hacía lo mismo cuando hablaba la otra persona en inglés, traduciendo sus palabras al español. Por lo general lo hacía en el campamento. En algunas ocasiones, cuando alguien tenía un problema de salud más serio, viajaba con ellos al hospital.

✳   ✳   ✳

"This was nerve-racking for me because I had to deal with adults and their ailments," Cris stated many years later. It felt awkward to talk to his elders about their bodily problems, especially because he had to address them in a formal way. Marcelina taught him the proper **etiquette** to make sure he was treating them with respect. She also told her son that by translating, he was helping his community. Cris knew his mother was right, but, he explains, "still inside I felt burdened by it." Now when he thinks about this experience, he understands it differently. "I see that I was providing a useful service and that I helped to serve my people," he says.

etiquette (**et** uh ket): rules of polite behavior ✳ **fluidez** (flu i **des**): capacidad de hablar un idioma fácilmente y bien

"Esto era angustioso para mí ya que debía tratar con adultos y sus enfermedades", afirmó Cris muchos años después. Era extraño hablar con sus mayores sobre sus problemas corporales, especialmente porque tenía que dirigirse a ellos de una manera formal. Marcelina le enseñó la **etiqueta** apropiada para asegurar que los tratara con respeto. También le dijo a su hijo que al traducir estaba ayudando a su comunidad. Cris sabía que su madre tenía razón, sin embargo, explica, "aún me sentía agobiado". Ahora cuando piensa en esa experiencia la comprende de forma diferente. "Ahora veo que estaba proporcionando un servicio útil y que ayudé a servir a mi pueblo", dice.

* * *

Cris **straddled** two worlds. Raised among Mexican American farmworkers, he learned the customs and habits of his people. He spoke Spanish, ate Mexican food, and heard Mexican music played by his family and friends. Yet, he also spoke English, went to school with mostly white children for at least half of the year, and grew more familiar with **mainstream** American culture.

straddled (**strad** uhld): partially in two categories   **mainstream** (**mayn** streem): ideas, opinions, and activities that are thought to be typical within society   * **etiqueta** (e ti **ke** ta): normas de conducta cortés

Cris se **extendía** entre dos mundos. Criado entre trabajadores agrícolas mexicanos-estadounidenses, aprendió las costumbres y hábitos de su pueblo. Hablaba español, comía comida mexicana y escuchaba música mexicana interpretada por su familia y amigos. Sin embargo, también hablaba inglés, asistía a la escuela con niños en su mayoría blancos durante al menos la mitad del año, y se familiarizó más con la cultura estadounidense **convencional**.

extenderse (eks ten **der** se): que está en más de una categoría   **convencional** (kon ven sio **nal**): ideas, opiniones y actividades que se consideran típicas dentro de la sociedad

117

6

Going to School
Asistiendo a la escuela

When the Platas first arrived in the Midwest, Cristoval Sr. had an important talk with his sons. He gave them a choice: they could work in the fields to help the family earn money or they could attend school. "Education is going to be the only way that you're going to get out of the migrant work," he told them.

La primera vez que los Plata llegaron a la región norcentral, Cristoval padre tuvo una conversación importante con sus hijos. Les dio a elegir entre dos posibilidades: podían trabajar en los campos para ayudar a la familia a ganar dinero o podían asistir a la escuela. "La educación será la única forma en la que podrán librarse del trabajo emigrante", les dijo.

Although Cris was only 6, he had already seen how hard his parents and older brothers worked in the fields. Yet, he also knew that he might, as he recalls, "stand out as being a minority" in midwestern schools, where there were few other Mexican American children. He weighed these two options and decided to go to school full time. His brothers, however, did not want to be teased by the local high school students for being different, so they chose to work. Cris says, "It was very difficult to be the only **Chicano** kid going to school," but it was "better than working in the fields."

Aunque Cris solamente tenía 6 años, ya había sido testigo de lo duro que trabajaban sus padres y hermanos mayores en los campos. Sin embargo, también sabía que había la posibilidad, según lo recuerda, de "sobresalir como minoría" en las escuelas de la región norcentral, en donde había pocos niños mexicanos-estadounidenses. Comparó estas dos opciones y decidió asistir a la escuela a tiempo completo. Sin embargo, sus hermanos no querían ser objeto de burlas de los estudiantes de la escuela superior local porque eran diferentes, así que decidieron trabajar. Cris dice, "Era muy difícil ser el único niño **chicano** que asistía a la escuela", pero era "mejor que trabajar en los campos".

Chicano (chi **kah** noh): an American of Mexican heritage   ✳   **chicano** (chi **ka** no): estadounidense de ascendencia mexicana

Do you know what it feels like to be different from the people around you? Cris says he sometimes felt inferior to his classmates in Indiana and Wisconsin because he came from a different culture. Nearly all of his classmates had white skin, ate similar kinds of food like bologna sandwiches, and spoke English very well. Cris had a strong Spanish accent, brought bean tacos for lunch, and had darker skin than most of his classmates. Over time, he began to change his speech patterns when he spoke English so he sounded more like the other children in his class. He wanted to blend in as much as he could. It was not until he became a college student that he learned more about his cultural history and became proud to be Chicano.

¿Sabes lo que se siente ser diferente a las personas a tu alrededor? Cris dice que en ocasiones se sintió inferior a sus compañeros de clase en Indiana y Wisconsin pues provenía de una cultura diferente. Casi todos sus compañeros de clase tenían piel blanca, comían comidas similares como emparedados de mortadela y hablaban muy bien el inglés.

Cris tenía un acento muy marcado, llevaba tacos de frijoles para el almuerzo y tenía una piel más oscura que la mayoría de sus compañeros de clase. Con el tiempo, comenzó a cambiar su forma de hablar el inglés para sonar más como los otros niños en su clase. Deseaba integrarse tanto como pudiera. No fue hasta la universidad que aprendió más sobre su historia cultural y se sintió orgulloso de ser chicano.

Although Cris was the only Mexican American boy in most of the northern schools he attended, many other migrant children around the United States had gone through experiences like his. For as long as migrant farmworker families have picked crops in the United States, parents have struggled with the issue of sending their children to school.

Aunque Cris era el único niño mexicano-estadounidense en la mayoría de las escuelas del norte a las que asistió, muchos otros niños emigrantes alrededor de Estados Unidos pasaron por experiencias similares. Desde que las familias de trabajadores agrícolas migratorios han trabajado en los

121

cultivos en Estados Unidos, los padres han tenido dificultades con el problema de enviar a sus hijos a la escuela.

* * *

It was difficult for children of migrant farmworkers to get a stable education. Farmworkers had to leave their homes for distant fields before the school year ended. Crops ripened according to the seasons, not according to the annual school schedule! During the time of Cris's childhood, many farmworkers arrived in the Midwest in the springtime. Some parents sent their children to the local schools to finish the year. When children missed school days, it could be hard for them to catch up on their studies.

Era difícil para los hijos de trabajadores agrícolas migratorios tener una educación estable. Los trabajadores agrícolas debían abandonar sus hogares para ir a campos distantes antes de terminar el año escolar. ¡Los cultivos maduraban según las estaciones, no según el calendario del año escolar! Durante la infancia de Cris, muchos trabajadores agrícolas visitaban la región norcentral durante la primavera. Algunos padres enviaban a sus hijos a las escuelas locales para terminar el año. Cuando los niños perdían días de clase se les hacía difícil ponerse al día en sus estudios.

✳   ✳   ✳

In addition, many kids missed school because they worked in the fields alongside their family members. The wages that farmworkers made usually did not cover all of the family's living expenses. To help make up for these low and unfair earnings, young children and teenagers often had to work, too. The more vegetables, fruit, or cotton they picked, the more money the family brought home. Although parents did not like to take their children out of school, some of them believed it was necessary for their family's survival.

Además, muchos niños perdían días de clase porque trabajaban en los campos junto a sus familiares. Los salarios de los trabajadores agrícolas normalmente no cubrían todos los gastos de subsistencia de la familia. Para ayudar a compensar estos ingresos bajos e injustos, a menudo los niños y adolescentes también debían trabajar. Mientras más vegetales, fruta o algodón recogieran, más dinero llevarían a la casa. Aunque a los padres no les gustaba tener a sus hijos fuera de la escuela, algunos de ellos creían que era necesario para la supervivencia de la familia.

* * *

In Wisconsin in the 1960s, a law existed that made it illegal for children under 12 to work in the fields. Many growers did not like this law. They said that migrant children did not actually work in the fields and that they just wanted to be outside with their families. In reality, however, children did work and the money they earned went toward the family's expenses. Also, most farmworker parents could not afford to pay for childcare. Sometimes older siblings or grandparents watched the youngest kids, but in many cases parents had to bring their children out to the fields to watch them.

En Wisconsin en la década de 1960, existía una ley que hacía ilegal que niños menores de 12 años trabajaran en los campos. A muchos productores no les gustaba esta ley. Decían que los niños emigrantes realmente no trabajaban en los campos y que simplemente deseaban estar afuera con sus familias. Sin embargo, en realidad, los niños sí trabajaban y el dinero que ganaban era para cubrir los gastos de familiares.

A young boy watches his mother bunch carrots in a field in Edinburg, Texas, in 1939. Once he learned how to do this job, he could help his family earn more money. Today it is illegal for young children to do field labor, although it still happens in some places. ✷ Un niño observa a su madre recoger zanahorias en un campo en Edinburg, Texas, en 1939. Después de aprender a hacer ese trabajo, él ayudaría a su familia a ganar más dinero. Hoy en día, es ilegal que los niños trabajen en el campo, aun cuando aún sucede en algunos lugares.

Do you see the tool this girl used to top sugar beets in East Grand Forks, Minnesota? She held the beet in one hand and used her other hand to carefully cut off the beet tops with the sharp blade. ✷ ¿Ves la herramienta que esta niña usó para recoger remolacha en East Grand Forks, Minnesota? Ella sostenía la remolacha con una mano y con la otra cuidadosamente cortaba la parte superior con una filosa hojilla.

125

Además, la mayoría de los padres trabajadores agrícolas no podían costear una guardería. En ocasiones, los hermanos mayores o abuelos cuidaban de los más pequeños, pero en muchos casos los padres debían llevar a sus hijos a los campos para cuidar de ellos.

✳ ✳ ✳

In the mid-1960s, some people in Wisconsin who wanted to help farmworkers began setting up free summer schools and daycare centers for the children of migrants. With these options, it was possible for more parents to get their children out of the fields during harvest season. The centers did not solve the other major problems of farm labor, like low pay and bad working conditions, but they gave the children of migrant workers a chance to learn in a classroom instead of only working in the fields.

A mediados de la década de 1960, algunas personas en Wisconsin que deseaban ayudar a los trabajadores agrícolas comenzaron a establecer escuelas de verano gratuitas y guarderías para los hijos de emigrantes. Con estas opciones era posible para más padres mantener a sus hijos fuera de los campos durante la temporada de cosecha. Las guarderías no resolvieron el resto de los importantes problemas del trabajo agrícola, como las pagas insuficientes y malas condiciones laborales, pero dieron a los hijos de trabajadores emigrantes la oportunidad de aprender en un salón de clases en vez de solamente trabajar en los campos.

Children of migrant farmworkers, along with a few local children, attend a summer school in Manitowoc in 1961. ✳ Niños de trabajadores agrícolas emigrantes, junto con algunos niños locales, asisten a una escuela de verano en Manitowoc en 1961.

As for Cris, there was no question that he had made the right choice about attending school. He loved to learn, and he especially loved what he learned in Wisconsin's public schools. "They were turning me on to [literature] up in Wisconsin that I had never been exposed to before," Cris remembers. He enjoyed reading poetry. Robert Frost's "Stopping by Woods on a Snowy Evening" and Ernest Thayer's famous poem "Casey at the Bat" were 2 of his favorites. Even today, his love of language remains. In his career as a musician, Cris uses this knowledge when he writes songs. In addition to classes in English literature, Cris also studied civics, history, and industrial arts. What are your favorite subjects in school? Can you imagine using these topics in the future to perform a job or learn a new skill?

En cuanto a Cris, no había duda de que había tomado la decisión correcta sobre asistir a la escuela. Amaba aprender, y especialmente amaba lo que aprendía en las escuelas públicas de Wisconsin. "Me interesé [en la literatura] en Wisconsin, a la que nunca había estado expuesto antes", Cris recuerda.

Disfrutaba leyendo poesía. El poema "Stopping by Woods on a Snowy Evening" (Alto en el bosque en una noche de invierno) de Robert Frost y el famoso poema de Ernest Thayer "Casey at the Bat" (Casey al bate) eran 2 de sus favoritos. Su amor por la lengua continúa incluso en la actualidad. En su carrera como músico, Cris usa este conocimiento cuando escribe canciones. Además de las clases en literatura inglesa, Cris también estudió civismo, historia y artes industriales. ¿Cuales son tus materias favoritas en la escuela? ¿Puedes imaginar usar estos temas en el futuro para realizar un trabajo o aprender una nueva destreza?

A Love of Language
Amor por la lengua

Among the poems Cris Plata liked is this one by Robert Frost, published in 1923:

Entre los poemas que le gustaron a Cris Plata se encuentra este de Robert Frost, publicado en 1923:

★ ★ ★

"Stopping by Woods on a Snowy Evening"
"Alto en el bosque en una noche de invierno"

★ ★ ★

Whose woods these are I think I know.

His house is in the village though;

He will not see me stopping here

To watch his woods fill up with snow.

Me imagino de quién son estos bosques.

Pero en el pueblo su casa se encuentra;

no me verá parada en este sitio,

ante sus bosques cubiertos de nieve.

★ ★ ★

My little horse must think it queer

To stop without a farmhouse near

Between the woods and frozen lake

The darkest evening of the year.

Mi pequeño caballo encuentra insólito

parar aquí, sin ninguna alquería

entre el helado lago y estos bosques,

en la noche más lóbrega del año.

★ ★ ★

He gives his harness bells a shake

To ask if there is some mistake.

The only other sound's the sweep

Of easy wind and downy flake.

Las campanillas del arnés sacude

Como si presintiera que ocurre algo . . .

Sólo se oye otro son: el sigiloso
paso del viento entre los copos blandos.

✳ ✳ ✳

The woods are lovely, dark and deep.
But I have promises to keep,
And miles to go before I sleep,
And miles to go before I sleep.
¡Qué bellos son los bosques, y sombríos!
Pero tengo promesas que cumplir,
y andar mucho camino sin dormir,
y andar mucho camino sin dormir.

✳ ✳ ✳

What parts of this poem make you think of Wisconsin? Why
might a boy from Texas have found this poem so interesting?

¿Qué partes de este poema te hacen pensar en Wisconsin?
¿Por qué un niño de Texas pensaría que este poema era tan
interesante?

Having gone to school in many different states, Cris
appreciated the education he received in Wisconsin. Thinking
back to his school days in Texas, Cris recalls, "It was as if you
had to teach yourself. . . .And if you didn't want to learn,
you were going to get passed anyway." But things worked

differently in Wisconsin. Teachers there "took an interest" in their students, Cris says. They worked closely with their students and made sure everyone followed along and learned the material. Every year when Cris returned to Texas, he felt as though he had jumped ahead of his classmates because of his time in Wisconsin.

Debido a que asistió a la escuela en muchos estados diferentes, Cris apreció la educación que recibió en Wisconsin. Al recordar sus días escolares en Texas, Cris afirma "Era como si tuvieras que enseñarte a ti mismo. . . . Y si no querías aprender, de todos formas pasarías". Pero las cosas eran diferentes en Wisconsin. Los maestros "se interesaban" en sus estudiantes, dice Cris. Trabajaban de cerca con sus estudiantes y se aseguraban de que todos siguieran la clase y aprendieran el material. Cada año cuando Cris regresaba a Texas, sentía como si se hubiese adelantado a sus compañeros de clase debido al tiempo que había pasado en Wisconsin.

Although it was difficult to switch schools in the middle of the year, Cris adjusted well. He **excelled** as a student. Most of his teachers treated him kindly and encouraged him. As Cris put it, "They ignited my curiosity bug." Now, as an adult, Cris remains friends with some of his middle- and high-school classmates from Columbus, Wisconsin. He even ended up marrying one of them!

Aunque era difícil cambiar de escuela a mitad de año, Cris se adaptaba bien. **Sobresalió** como estudiante. La mayoría de sus maestros lo trataban amablemente y lo alentaban. Como lo expresó Cris, "Despertaron mi curiosidad". Ahora, como adulto, Cris continúa su amistad con algunos de sus compañeros de la escuela intermedia y superior de Columbus, Wisconsin. ¡Incluso terminó por casarse con una de ellas!

excelled (ek **seld**): was very good at something ✳ **sobresalió** (so bre sa lio): que fue muy bueno en algo

7

Making Wisconsin Home
Formando un hogar en Wisconsin

What does it mean to make a place into a home? If you ask Cris Plata this question, he might answer with another question:"Have you ever been to a place and you feel like, this is where I belong?"This is how Cris feels about Wisconsin, the place he now calls home. His sense of belonging has deepened over the years by tending the land, creating music, and building meaningful relationships with people.Though Texas is far away in distance, it also remains a kind of home that Cris maintains through culture.

¿Qué significa formar un hogar? Si haces esta pregunta a Cris Plata, es posible que responda con otra pregunta: "¿Alguna vez has visitado un lugar y has sentido que pertenecs allí?"Así es como se siente Cris con respecto a Wisconsin, el lugar al que ahora llama hogar. Su sentido de pertenencia se ha profundizado con los años al trabajar la tierra, crear música y forjar relaciones significativas con otros. Aunque Texas se encuentra a una gran distancia, también continúa siendo una especie de hogar que Cris mantiene a través de la cultura.

✳   ✳   ✳

After graduating from high school, Cris attended college at St. Edward's University in Austin, Texas. He earned a baseball scholarship that paid for his tuition. After one semester, though, he realized he did not want to continue playing ball. He felt more passionate about his creative interests, especially making music.

Después de graduarse de la escuela superior, Cris asistió a la Universidad St. Edward's en Austin, Texas. Obtuvo una beca de béisbol que pagó su colegiatura. Sin embargo, después de un semestre se dio cuenta de que no deseaba continuar jugando a la pelota. Sentía una mayor pasión por sus intereses creativos, especialmente crear música.

Cris sits in front of his home near Somerset, Texas, soon after he graduated from high school. He spent his senior year in Texas so he could graduate with his friends there.
✳ Cris está sentado frente a su casa cerca de Somerset, Texas, justo después de haberse graduado de la escuela superior. Él pasó su último año de la escuela en Texas para poder graduarse con sus amigos allí.

Music was important to the Plata family, so Cris learned to appreciate music and started to play guitar around age 4 or 5. After long days in the fields, the family entertained themselves by playing songs from Mexico and South Texas. Cristoval Sr., Antonio, and Juan taught Cris how to play the guitar. His mother was the best singer in the family and taught them all how to sing. Sometimes they played as a family, but many other times they played with the larger migrant community. It happened so often throughout Cris's childhood that he "thought everybody did this."

La música era importante para la familia Plata, así que Cris aprendió a apreciar la música y comenzó a tocar la guitarra a los 4 o 5 años. Después de largos días en los campos, la familia se entretenía interpretando canciones de México y del sur de Texas. Cristoval padre, Antonio y Juan le enseñaron a Cris a tocar la guitarra. Su madre era la mejor cantante de la familia y les enseñó a todos a cantar. En ocasiones tocaban como familia, pero en muchas otras tocaban con la comunidad emigrante. Sucedía tan a menudo durante la infancia de Cris que él creía que "todos lo hacían".

Cristoval Sr. performed the old Mexican ballads, or *corridos*, that he grew up hearing in Jalisco and, later, along the border between the United States and Mexico. These songs served many purposes, Cris notes. He describes it this way: "The thing with Mexican music is that anytime anything happens in the news, [musicians] would write a song about it. So you were actually bringing news from Texas with the new songs that were being written." For instance, farmworkers sang ballads about important figures in Mexican history, like Pancho Villa and Emiliano Zapata. Cris also remembers hearing a *corrido* written after the assassination of US President John F. Kennedy in 1963. In addition to providing entertainment, music helped spread information and teach historical lessons in his community.

Cristoval padre interpretaba las viejas baladas mexicanas, o corridos, que creció escuchando en Jalisco y, más tarde, a lo largo de la frontera entre Estados Unidos y México. Estas canciones servían muchos propósitos, destacó Cris. Lo describe de esta forma: "Lo curioso de la música mexicana es que apenas sucede algo en las noticias, [los músicos] escriben una canción al respecto. Entonces en realidad llevabas noticias de Texas con las canciones nuevas que se escribían". Por ejemplo, los trabajadores agrícolas cantaban baladas sobre importantes personajes de la historia mexicana, como Pancho Villa y Emiliano Zapata. Cris también recuerda haber escuchado un corrido escrito después del asesinato del presidente de EE.UU., John F. Kennedy, en 1963. Además de proporcionar entretenimiento, la música ayudaba a difundir información e impartir lecciones históricas en su comunidad.

Yet music did even more than that. For migrant workers, playing and listening to the music from their faraway homes comforted them. Most Wisconsin radio stations did not play Mexican-style music at the time, so farmworkers could not hear it unless they created it themselves. As Cris explains it, by playing music together, "you'd bring a little piece of home with you" to Wisconsin.

Sin embargo la música hacía incluso más que eso. Para los trabajadores emigrantes, el tocar y escuchar la música de sus hogares lejanos era una especie de consuelo. La mayoría de las estaciones de radio de Wisconsin no ofrecían música estilo mexicano en ese tiempo, por lo tanto, los trabajadores agrícolas no podían escucharla a menos que la crearan ellos mismos. Según lo explica Cris, al interpretar música juntos "llevabas un pequeño trozo de tu hogar contigo" a Wisconsin.

When Cris decided to pursue a career in music, he drew inspiration from his family's musical past. He calls this "Mexican roots" music. Besides the ballads that his father loved, Cris also learned *conjunto* music. This style began in South Texas along the border, when Mexican American musicians combined European American and Mexican styles. It often features the accordion as the main instrument. Cris also heard *ranchera* music, a type first played by peasants who lived on ranches throughout the Mexican countryside. Cris liked the sound of *ranchera* music and the subject matter, which often dealt with topics of romance, politics, or nature. Each of these styles guided Cris's approach to creating music.

Cuando Cris decidió dedicarse a la música, obtuvo su inspiración del pasado musical de su familia. Él lo llama música con "raíces mexicanas". Además de las baladas que su padre amaba, Cris también aprendió música de conjunto. Este estilo se inició en el sur de Texas a lo largo de la frontera, cuando los músicos mexicanos-estadounidenses combinaron los estilos europeo-estadounidenses con los mexicanos. A menudo el acordeón es el instrumento principal. Cris también escuchaba música ranchera, un tipo de música interpretada al inicio por los campesinos que vivían en los ranchos de los campos mexicanos. A Cris le gustaba el sonido de la música ranchera y los temas, que a menudo trataban sobre romance, política o la naturaleza. Cada uno de estos estilos dio forma al concepto musical de Cris.

Cris's musical tastes extend beyond the sounds of his Mexican heritage. The work of Texan musicians also captivated him, like the bandleader Bob Wills, who performed upbeat and Western swing music that made listeners want to dance. Singer-songwriters, especially Townes Van Zandt, Lyle Lovett, and Steve Earle, also influenced Cris's style. Singer-songwriters use words to tell stories and express emotion through their songs. Many times they get ideas from their surroundings and often sing about the places and people they know. This is true for Cris, who draws upon his interests in poetry, language, history, and landscapes when writing songs.

Los gustos musicales de Cris iban más allá de los sonidos de su herencia mexicana. El trabajo de los músicos texanos también lo cautivaban, como el líder de banda Bob Wills, quien interpretaba música swing alegre que hacía que los escuchas desearan bailar. Los cantautores, especialmente Townes Van Zandt, Lyle Lovett y Steve Earle, también influenciaron el estilo de Cris. Los cantautores usan palabras para contar historias y expresar sus sentimientos a través de sus canciones. En muchas ocasiones obtienen ideas de sus alrededores y a menudo cantan sobre los sitios y personas que conocen. Este es el caso de Cris, quien extrae ideas de sus intereses en poesía, lengua, historia y paisajes cuando escribe canciones.

Cris's experiences as a Mexican American migrant farmworker meant that he became accustomed to crossing boundaries. He has lived in multiple regions, speaks two languages, and knows people from a variety of backgrounds and life experiences. His music reflects these different experiences, too. It includes Mexican and American influences, and some of his songs have both English and Spanish **lyrics**. Cris writes and sings the songs, and he also plays guitar, accordion, and mandolin. By alternating the style, tempo, and sound of his music, he shows the range of his talents and tastes.

Las experiencias de Cris como trabajador agrícola migratorio mexicano-estadounidense significaban que se se había acostumbrado a cruzar fronteras. Ha vivido en varias regiones, habla dos idiomas y conoce personas de diversos orígenes y experiencias de vida. Su música también refleja diferentes experiencias. Incluye influencias mexicanas y estadounidenses y algunas de las canciones tienen **letra** tanto en inglés como en español. Cris escribe y canta las canciones y también toca la guitarra, el acordeón y la mandolina. Alternando el estilo, el ritmo y el sonido de su música, Cris muestra el rango de sus talentos y gustos.

lyrics (lir iks): the words in a song ✳ **letra (le** tra): palabras en una canción

143

Cris recorded "Little Eagle," a song on his first album, with two musicians in San Antonio, Texas, in 1987. On this tune, Cris plays the guitar, Arturo Ramirez plays the bajo sexto, and Ernesto Lopez plays the accordion. Cris wrote the song after hearing a true story about a Mexican immigrant who died crossing the border into the United States. ✳ Cris grabó "Little Eagle", una canción en su primer álbum con dos músicos en San Antonio, Texas, en 1987. En esta canción, Cris tocó la guitarra, Arturo Ramírez tocó el bajo sexto y Ernesto López tocó el acordeón. Cris escribió la canción después de escuchar una historia real sobre un inmigrante mexicano que murió cruzando la frontera a los Estados Unidos.

✳   ✳   ✳

The band he often plays with is called Cris Plata with Extra Hot. This group has performed in Madison, Milwaukee, and other places throughout the Midwest. Some of the other band members have included drummer Clyde Stubblefield, guitarist and harmony singer Ernie Connor, and Wisconsin-born bass player Ann Plata.

La banda con la que toca a menudo se llama *Cris Plata with Extra Hot*. Este grupo se ha presentado en Madison, Milwaukee y otros lugares en la región norcentral. Algunos de los otros miembros de la banda han incluido al percusionista Clyde Stubblefield, al guitarrista y cantante de acompañamiento Ernie Connor y a la bajista nacida en Wisconsin, Ann Plata.

✳   ✳   ✳

One summer Cris Plata with Extra Hot played at 2 different music festivals in Milwaukee: the Mexican Fiesta and the Indian Summer Festival. After the **gig** at the Indian Summer Festival, Cris was packing up his equipment when 2 young Indian men approached him. "Hey, how come you're playing here?" they asked him. "What do you mean?" Cris responded, confused.

gig (gig): a scheduled performance for a musician

145

"Well, you were playing at the Mexican Fiesta, so you're Mexican. How can you be playing the Indian Summer Festival, too?" Cris replied, "You know, they have Indians in Mexico, too." To his surprise, they answered, "They do?"

En un verano, *Cris Plata with Extra Hot* se presentó en dos diferentes festivales de música en Milwaukee: Fiesta Mexicana y el Festival de Verano Indio. Después de la **chamba** en el Festival de Verano Indio, Cris empacaba su equipo cuando 2 jóvenes indios se acercaron a él. "Oye, ¿por qué tocas aquí?" le preguntaron. "¿A qué se refieren?" respondió Cris, confundido. "Bueno, tocabas en la Fiesta Mexicana, entonces eres mexicano. ¿Cómo puedes tocar en el Festival de Verano Indio también?" Cris respondió, "Sabes, en México también hay indios". Para su sorpresa, respondieron, "¿Los hay?"

Like these 2 young men, many others are unaware that Mexican American people have ties to Indian history. Some people of Mexican descent might not know anything about their Indian ancestors. But Cris says his father "was always really proud of his Indian background [and] he was always calling

chamba (**cham** ba): actuación programada para un músico

Madison holds an annual celebration called Fiesta Hispana to celebrate Latino culture in Wisconsin. Cris Plata with Extra Hot has performed there many times. This photograph shows the band in its early days, with Cris on the accordion, Clyde Stubblefield on the drums, and Jeff Muñoz on the guitar. ✳ Madison tiene una celebración anual llamada Fiesta Hispana para celebrar la cultura hispana en Wisconsin. *Cris Plata with Extra Hot* ha tocado allí muchas veces. Esta fotografía muestra la banda en sus primeros días, con Cris en el acordeón, Clyde Stubblefield en la batería y Jeff Muñoz en la guitarra.

himself an *Indio*," or Indian. Cristoval Sr. taught his young sons that they should accept this part of themselves. When Cris grew up, he remembered his father's teachings.

Al igual que estos dos jóvenes, muchos otros no saben que los mexicanos-estadounidenses tienen vínculos con la historia india. Es posible que algunas personas de ascendencia mexicana no sepan sobre sus ancestros indios. Pero Cris asegura que su padre "siempre estuvo muy orgulloso de sus antecedentes indios [y] siempre se llamaba a sí mismo un indio". Cristoval padre enseñó a sus hijos que debían aceptar esta partes de sí mismos. Cuando Cris creció, recordó las enseñanzas de su padre.

Cris says that when he became a young man he "started to really dig into" his *Indio* heritage. He learned about his father's tribe, the Huichol people. No one taught this subject at school, though, so Cris had to research it on his own. He read books and talked to knowledgeable people, including his father, who passed along parts of this history. It "opened up a totally different world to me," Cris explains. "As I got older and embraced my Indian background, I said [to my father], 'Tell me more about that. How did that work?' "

Cris dice que cuando se convirtió en adulto empezó a investigar sobre su herencia india. Aprendió sobre la tribu de su padre, el pueblo Huichol. Sin embargo, nadie impartía este tema en la escuela, así que Cris tenía que hacer sus propias investigaciones. Leía libros y charlaba con personas expertas, incluyendo a su padre, quien heredó partes de esta historia. "Abrió un libro completamente diferente para mí", explica Cris. "Conforme crecí y adopté mis antecedentes indios, le dije [a mi padre], 'Cuéntame más sobre eso. ¿Cómo era?'"

The Chicano Movement
El movimiento Chicano

During the 1960s and 1970s many Mexican Americans fought against **racial discrimination** and unfair treatment. They had a long history in North America and wanted to be treated with respect. Across the United States, young people of Mexican descent worked toward this goal, getting involved in what was known as the Chicano Movement. They called themselves Chicanos and Chicanas to show pride in their culture, especially their Indian heritage. Many took bold action. For example, in East Los Angeles, California, 10,000 Chicano students walked out of their high schools because they wanted a good education, which

racial discrimination (**ray** shuhl dis kri muh **nay** shun): unfair treatment of people, based on being of a different race

149

included learning about Chicano history in their classes. They also did not want racist teachers who treated them poorly.

Durante la década de los años 1960 y 1970 muchos mexicanos-estadounidenses lucharon contra la **discriminación racial** y el trato injusto. Tenían una larga historia en Norteamérica y deseaban ser tratados con respeto. En todos los Estados Unidos, los jóvenes de ascendencia mexicana trabajaron hacia esta meta, participando en lo que se conoció como el Movimiento Chicano. Se llamaban a sí mismos chicanos y chicanas para demostrar orgullo por su cultura, especialmente su herencia india. Muchos tomaron medidas enérgicas. Por ejemplo, en el Este de Los Ángeles, California, 10,000 estudiantes chicanos se marcharon de su escuela superior pues deseaban una buena educación que incluyera aprender sobre historia chicana en sus clases. Tampoco deseaban maestros racistas que los trataran mal.

Although most of this **activism** took place in California, Texas, and other parts of the southwestern United States, there were Chicano Movement efforts in Wisconsin, too. In 1966, Jesus Salas, a student at the Wisconsin State University–Stevens Point who was once a farmworker from Crystal City, Texas, led a protest march. Salas looked up to the labor organizer César Chávez, who had also organized a protest march while working on behalf of migrant farmworkers in California. Salas and other Wisconsin

activism (**ak** tuh vi zuhm): action for change ✳ **discriminación racial** (dis kri mi na si**on** ra si**al**): trato injusto de personas porque pertenecen a una raza diferente

activists marched from the pickle-growing area of Wautoma to the state capitol in Madison for better working and living conditions for migrant farmworkers.

Aunque la mayoría de este **activismo** ocurrió en California, Texas y otras partes del suroeste de los Estados Unidos, también en Wisconsin hubo esfuerzos del Movimiento Chicano. En 1966, Jesús Salas, un estudiante en la universidad de Wisconsin en Stevens Point que anteriormente había sido trabajador agrícola en Crystal City, Texas, encabezó una marcha de protesta. Salas admiraba al organizador de trabajadores César Chávez, quien también había organizado una marcha de protesta mientras trabajaba en nombre de trabajadores agrícolas migratorios en California. Salas y otros activistas de Wisconsin marcharon desde el área productora de pepinillo de Wautoma hasta el capitolio del estado en Madison por mejores condiciones laborales y de vivienda para los trabajadores agrícolas migratorios.

The Wisconsin protesters, who included farmworkers, students, religious leaders, and other supporters, walked from Wautoma to Madison in 5 days. They gained attention for their cause. A few years later in Milwaukee, Chicano and Puerto Rican high school students walked out of South Division High School in a push for better education. Students at the University of Wisconsin–Madison also wanted to learn about Chicano and

activismo (**ak** ti vis mo): acción para un cambio

Mexican history in their courses. They helped start an academic program that exists today as the Chicana/o and Latina/o Studies Program.

Los manifestantes de Wisconsin, que incluían trabajadores agrícolas, estudiantes, líderes religiosos y otros simpatizantes, caminaron desde Wautoma hasta Madison en 5 días. Lograron que su causa obtuviera atención. Un par de años más tarde en Milwaukee, estudiantes de escuela superior chicanos y puertorriqueños se marcharon de la Escuela superior South Division exigiendo una mejor

Jesus Salas, on the left, and Salvador Sanchez, on the right, lead other activists on a protest march for the fair treatment of farmworkers on August 15, 1966. What types of things do you notice about the marchers? ✳ *Jesús Salas, a la izquierda, y Salvador Sánchez, a la derecha, encabezan una marcha de protesta guiando a otros activistas para el trato justo de los trabajadores agrícolas, el 15 agosto de 1966. ¿Qué tipo de cosas notas sobre los manifestantes?*

educación. Los estudiantes de la Universidad de Wisconsin en Madison también deseaban aprender sobre cultura mexicana y chicana en sus cursos. Ayudaron a iniciar un programa académico que existe actualmente como el Programa de Estudios Chicanos y Latinos.

Cristoval Sr. taught his sons many things about his cultural background, including music and stories from the past. "He was a very good source that I could tap into and get a lot of history from," Cris recalls. Cristoval Sr. remembered the lyrics to many old *corridos*. He also knew the spelling and pronunciation of Huichol words that his son could not understand. And sometimes he told Cris about the history of the music that they both loved.

Cristoval padre les enseñó a sus hijos muchas cosas sobre sus antecedentes culturales, incluyendo música e historias del pasado. "Era una excelente fuente que yo podía aprovechar y de la que podía obtener mucha historia", recuerda Cris. Cristoval padre recordaba las letras de muchos viejos *corridos*. También conocía la ortografía y pronunciación de palabras huichol que su hijo no podía comprender. Y en ocasiones le contaba a Cris sobre la historia de la música que ambos amaban.

Since Cristoval Sr. passed away, Cris misses his father and wishes he had asked him even more questions when he had the chance. Now Cris uses the Internet when he has a musical or historical question. He does not think this is as helpful as having a one-on-one conversation with a knowledgeable person, however. "When you're young," Cris says, "you don't realize that you have a vast amount of knowledge right at your disposal if you take the time to ask." Have you ever asked your older relatives or loved ones questions about their past? Are there storytellers in your family who teach you things that you cannot learn from online searches?

Desde el fallecimiento de Cristoval padre, Cris echa de menos a su padre y quisiera haberle preguntado aún más cuando tenía la oportunidad. Ahora Cris se vale de Internet cuando tiene una pregunta musical o histórica. En su opinión, esto no es tan útil como una conversación personal con una

persona con conocimientos directos. "Cuando eres joven",
dice Cris, "no te das cuenta que tienes una vasta cantidad
de conocimiento a tu disposición si te tomas el tiempo
de preguntar". ¿Alguna vez les has hecho a tus familiares
mayores o seres queridos preguntas sobre su pasado? ¿Hay
cuentacuentos en tu familia que te enseñan cosas que no
puedes aprender a través de búsquedas en línea?

While Cris played music around South Texas in the mid-
1970s, his family members continued to work on Wisconsin
farms during the summers. Cris joined them there in 1976
and learned to drive the pea and corn combines that his
father and brothers still operated. From May until late
September or early October, when the first frost that killed
the crops, Cris worked 7 days a week, from 5:30 a.m. to 10
p.m. Although he took the job primarily to earn money, he
ended up falling in love. Twice.

Mientras Cris interpretaba música al sur de Texas a
mediados de la década de los años 1970, sus familiares
continuaban trabajando en granjas de Wisconsin durante

los veranos. Cris se reunió con ellos en 1976 y aprendió a conducir las cosechadoras de guisantes y maíz que su padre y hermanos aún operaban. Desde mayo hasta finales de septiembre o principios de octubre cuando la primera helada mataba los cultivos, Cris trabajaba 7 días a la semana, desde las 5:30 a.m. hasta las 10:00 p.m. Aunque tomó el trabajo principalmente para ganar dinero, terminó por enamorarse. Dos veces.

"I fell in love with Wisconsin without really knowing it," Cris explains. He appreciated the greenery of Wisconsin during the growing season. "I like the desert [too]," he says, "but I love the green." Cris also enjoyed the month of September. While sitting atop those massive picking machines, he took in the beauty of the rural landscape. "The blue skies with the fall colors—you don't get that in Texas," he says.

"Me enamoré de Wisconsin sin darme cuenta realmente", explica Cris. Apreció el verdor de Wisconsin durante la temporada de cultivo. "Me gusta el desierto [también]", dice,

156

"pero amo las áreas verdes". Cris también disfrutaba del mes de septiembre. Sentado en la parte superior de esas enormes máquinas de recolección, contemplaba la belleza del paisaje rural. "Los cielos azules con los colores autumnales— eso no se encuentra en Texas", dice.

* * *

Though the scenery caught Cris's eye, it was a fellow co-worker who really stole his heart. As the only woman out in fields among men, it is no wonder that Cris noticed Ann Trapp. She had grown up on a Wisconsin farm near Columbus and even went to the same high school as Cris, although they did not become friends until those summers on the pea combines. Like Cris, Ann drove combines to earn extra money. They found much in common and started dating. When Ann was accepted into veterinary school, the 2 got married and moved to the Twin Cities in Minnesota.

Aunque el paisaje capturó la atención de Cris, fue una compañera de trabajo quien en realidad robó su corazón. Siendo la única mujer en los campos entre hombres, no es de sorprenderse que Cris notara a Ann Trapp. Ella creció en una granja de Wisconsin cerca de Columbus e incluso asistió a la misma escuela superior que Cris, aunque no se hicieron amigos hasta esos veranos en las cosechadoras de guisantes. Al igual que Cris, Ann conducía cosechadoras para ganar un poco de dinero adicional.

Encontraron que tenían mucho en común y comenzaron a salir. Cuando Ann fue aceptada en la escuela de veterinaria, contrajeron matrimonio y se mudaron a las Ciudades Gemelas en Minnesota.

Ann and Cris working together in the pea fields near Columbus, Wisconsin, in 1976. ✳ Ann y Cris trabajan juntos en los campos de guisantes cerca de Columbus, Wisconsin, en 1976. En esta fotografía, Cris está conduciendo la "tolva de guisantes" mientras que Ann está de pie encima de ella.

✳   ✳   ✳

While living in Minnesota, Cris wanted to play music full time. Yet he had grown tired of traveling around to find well-paying gigs. His mother had always encouraged him to find work that would not make him move around as much as the family had done as migrant workers. "Here I was doing the same thing," he says. "Other than picking crops, I was picking my guitar and playing out on the road—sleeping on people's couches and eating bad food."

Mientras vivían en Minnesota, Cris deseaba dedicarse a la música de tiempo completo. Sin embargo se había cansado de viajar buscando conciertos bien pagados. Su madre siempre le había alentado a encontrar trabajo que no le obligara a mudarse tanto como lo había hecho la familia como trabajadores emigrantes. "Y yo hacía lo mismo", dice. "Además de recoger cultivos, recogía mi guitarra y tacaba en el camino, durmiendo en los sofás de amigos y comiendo mal".

So, while Ann attended school, Cris worked on the maintenance staff at the University of Minnesota. This day job paid him a salary, which meant that he did not have to travel as much for gigs. Instead, he played at coffeehouses and other **venues** nearby. When he was not performing live, he worked on his music. He experimented with new sounds, like the Irish music he heard there, which he had never been exposed to before. This "gave me some more ingredients to **instill** into my music," he recalls.

Entonces, mientras Ann asistía a la escuela, Cris trabajaba en el personal de mantenimiento en la Universidad de Minnesota. Este trabajo diurno le pagaba un sueldo, lo que significaba que no tenía que viajar tanto para encontrar conciertos. En vez de eso, se presentaba en cafés y otros **locales** cercanos. Cuando no se presentaba en vivo, trabajaba en su música. Experimentaba con sonidos nuevos, como la música irlandesa que escuchaba allí, a la que nunca había estado expuesto antes. Esto "me dio algunos ingredientes más para **incular** en mi música", recuerda.

venue (**ven** yoo): the place where an event, such as a music concert, is held   **instill** (in **stil**): to share something over and over until it becomes part of something else   ✳ **local** (lo **kal**): sitio donde se celebra un evento, como un concierto de música   **inculcar** (in kul **kar**): compartir algo una y otra vez hasta que se vuelva parte de otra cosa

Once Ann finished school, the Platas returned to Wisconsin. They lived in Sun Prairie from 1981 to 1997, and then moved into a small farmhouse on land owned by Ann's family outside of Columbus. Cris and Ann bought the place in 1999 and have made it their own. Everything about it reflects their interests and passions. Colorful wildflowers that attract hummingbirds and butterflies grow throughout the property. Apple, cherry, and pear trees fill an orchard next to the house. In the springtime, their horses graze in that space, eating grass and occasionally leaves from the fruit trees and lilac bushes. After many years of always moving, Cris has found a place to put down his roots. He is there to stay.

Una vez que Ann terminó la escuela, los Plata volvieron a Wisconsin. Vivieron en Sun Prairie desde 1981 hasta 1997, y luego se mudaron a una pequeña granja en una tierra propiedad de la familia de Ann en las afueras de Columbus. Cris y Ann compraron el sitio en 1999 y lo han hecho suyo. Todo en él refleja sus intereses y sus pasiones; flores silvestres coloridas que atraen picaflores y mariposas crecen en toda la propiedad. Manzanos, cerezos y perales llenan un huerto junto a la casa. En la primavera, sus caballos se pasean en ese espacio, comiendo pasto y ocasionalmente hojas de los árboles de fruta y arbustos de lilas. Después de muchos años de constantes mudanzas, Cris ha encontrado un sitio en el cual echar raíces. Está aquí para quedarse.

Cris and Ann love horses. Here are 2 of their favorite horses, Dusty and El Norte. ✳ Cris y Ann aman a los caballos. Estos son dos de sus caballos favoritos, Dusty y El Norte.

✳　✳　✳

Cris's love of the land has influenced how he created a home in Wisconsin. He says that as a farmworker, he often "saw how pesticides were applied" to grow crops. Some

162

people used these chemicals to prevent weeds and insects from eating crops, but Cris knew that these chemicals could remove nutrients from the soil that are needed to keep it healthy. They could also harm farmworkers if they got sprayed with them. By being aware of these dangers, Cris says, "I became an **environmentalist** without even knowing it."

El amor de Cris por la tierra ha influenciado la forma en la que creó un hogar en Wisconsin. Dice que como trabajador agrícola, a menudo "vio cómo se aplicaban pesticidas" para cultivar cosechas. Algunas personas usaban estos químicos para evitar que los insectos y maleza se comieran los cultivos, pero Cris sabía que estos químicos podían eliminar los nutrientes del suelo que son necesarios para que estén saludables. También podían ser nocivos para los trabajadores agrícolas si eran rociados sobre ellos. Al ser consciente de estos peligros, Cris dice, "Me convertí en un **ecologista** sin saberlo".

Now that he has what he calls his "own little space" where he can farm his way, Cris tries to treat the land as well as possible. He and Ann put solar panels on their garage to create

environmentalist (en vi ruhn **men** tuhl ist): someone who tries to protect natural surroundings ✳ **ecologista** (e ko lo **gis** ta): alguien que intenta proteger el ambiente natural

energy for their household needs. They plant native Wisconsin flowers and grasses in their yard. These plants need less water. Unlike a lawn of green grass, these plants do not need to be mowed, so Cris and Ann avoid using gasoline in their yard. In the garden, instead of relying on chemicals, Cris applies manure from horses to fertilize the soil. "It makes the garden grow really nice," he explains.

Ahora que tiene lo que llama su "pequeño espacio propio" donde puede cultivar a su modo, Cris intenta tratar la tierra lo mejor posible. Ann y él colocaron paneles solares en su garaje para crear energía para sus necesidades domésticas. Plantan flores y césped nativos de Wisconsin en su patio. Estas plantas requieren una menor cantidad de agua. A diferencia del césped verde, estas plantas no necesitan podarse, así que Cris y Ann evitan el uso de gasolina en su patio. En el jardín, en vez de depender de químicos, Cris aplica estiércol de caballos para fertilizar el suelo. "Hace que el jardín crezca muy lindo", explica.

By growing certain plants and eating certain foods, Cris is reminded of Texas and his family's past. When the Plata family migrated north, Cristoval Sr. always tended a small garden where he grew hot peppers. He regularly told his family that Wisconsin's land produced the best peppers! When Cris and Ann began gardening on their farm, they tried out many versions of peppers and have found a few types that they enjoy the most, including serranos, jalapeños, and Santa Fe peppers. They mix these peppers with tomatoes, onions, and cilantro to make a salsa that they preserve, or "can," inside glass jars so they can enjoy food from their garden all year.

Al cultivar ciertas plantas y comer ciertos alimentos, Cris recuerda Texas y el pasado de su familia. Cuando la familia Plata emigró al norte, Cristoval padre siempre cuidaba de un pequeño jardín en donde cultivaba ají picante. ¡A menudo le decía a su familia que la tierra de Wisconsin producía los mejores ajíes! Cuando Cris y Ann comenzaron a cultivar en su granja, probaron con muchas versiones de ajíes y han encontrado algunos tipos que les gustan más, incluyendo pimientos serranos, jalapeños y Santa Fé. Mezclan estos ajíes con tomates, cebollas y cilantro para hacer salsa que preservan o hacen en "conserva" en frascos de vidrio para disfrutar alimentos de su jardín durante todo el año.

＊　＊　＊

When they want to eat fresh salsa, Cris uses a recipe and technique that he learned from his mother. He pulls out the *molcajete* she owned her entire life. It was the one that she packed on every family trip north. Cris roasts peppers, adds salt, and grinds the mixture into a paste in the stone bowl. Then he adds tomatoes (after taking off their skin), lime juice, and avocado. He loves the fresh and delicious taste.

Cuando desean comer salsa fresca, Cris usa una receta y una técnica que aprendió de su madre. Saca el molcajete que ha tenido durante toda su vida. Era el que empacaba en cada viaje familiar hacia el norte. Cris rostiza los pimientos, agrega sal y muele la mezcla para formar una pasta en el recipiente de piedra. Luego agrega tomates (después de retirar la piel), jugo de limón y aguacate. Adora ese sabor fresco y delicioso.

Cris also uses a meat smoker to make a brisket similar to what is prepared in Texas. "I've turned all of my [Wisconsin] relatives into big brisket **aficionados**," he jokes.

Cris también usa un ahumador de carnes para preparar un costillar de res similar al que se prepara en Texas. "He convertido a todos mis familiares [de Wisconsin] en grandes **aficionados** de esta carne", bromea.

A Historical Garden
Un jardín histórico

Cris likes to experiment with different plants in his garden. He has tried growing Anasazi beans, for example. Hundreds of years ago, before the year 1300, the ancestral Pueblo peoples grew these beans in their gardens. They lived in the area we now call the Four Corners region, where Utah, Colorado, Arizona, and New Mexico meet. The beans thrived in the dry climate because their long roots could reach deep into the ground to search for water. They also do well in Wisconsin's soil. Cris enjoyed learning the history behind this bean, which has brown and white markings that remind

aficionado (uh fish ee uh **nah** doh): someone who likes and appreciates a certain activity or interest ✳
aficionado (a fi sio **na** do): alguien que le gusta y aprecia una cierta actividad o interés

him of a pinto pony. He grows Anasazi beans next to corn and squash—a growing technique known as "the three sisters," which Indians have practiced for centuries.

A Cris le gusta experimentar con diferentes plantas en su jardín. Ha intentado cultivar judías Anasazi, por ejemplo. Hace cientos de años, antes del año 1300, los ancestrales habitantes de Pueblo cultivaban estas judías en sus jardines. Vivían en un área que actualmente llamamos la región de las Cuatro Esquinas, en donde se unen los estados de Utah, Colorado, Arizona y Nuevo México. Las judías florecían en el clima seco debido a sus largas raíces que pueden alcanzar las profundidades del suelo en busca de agua. También florecen en suelo de Wisconsin. Cris disfrutaba aprender la

In a "three sisters" garden, the beans wrap up and around the tall corn stalks, while the squash spreads out along the ground to cover the soil and keep weeds away. ✳ *En un jardín de "tres hermanas", los frijoles envuelven y están alrededor de los altos tallos de maíz, mientras que los calabacines se extienden para cubrir el suelo y mantener a la maleza alejada.*

168

historia detrás de esta judía, que tiene marcas marrón y blancas que le recuerdan a un pony pinto. Cultiva judías Anasazi junto al maíz y el calabacín, en una técnica de cultivo conocida como "las tres hermanas", que los indios han practicado durante siglos.

* * *

Did you realize that plants also have their own interesting histories? Have you ever learned the history of a vegetable, fruit, or other type of food?

¿Sabías que las plantas también tienen sus propias historias interesantes? ¿Alguna vez has aprendido la historia de un vegetal, fruta, u otro tipo de alimento?

Today, Cris spends most of his time in Wisconsin, but he still visits friends and family members who live in South Texas. His love of landscapes remains. By taking a train to Texas, Cris can sit and watch the scenery change, just as he did on those family car rides long ago. On a recent trip to Texas, he played music with his relatives and has since been inspired to work on a new album. Its working title is *Good Water, Good Horses*.

Actualmente, Cris pasa la mayor parte de su tiempo en Wisconsin, pero aún visita amigos y familiares que viven en el sur de Texas. Aún ama los paisajes. Al tomar un tren hacia Texas, Cris puede sentarse y observar cómo cambia el escenario, justo como lo hacía en esos viajes en auto hace tanto tiempo. En un viaje reciente a Texas, interpretó música con sus familiares y desde entonces se ha inspirado para trabajar en un nuevo álbum. El título es *Good Water, Good Horses (Agua Buena, Buenos Caballos)*.

Cris and Ann took a trip to Utah, where they rode horses through the Bryce Canyon and Zion National Parks. This photograph gave Cris the idea for the title of his record, *Good Water, Good Horses*. ✳ Cris y Ann viajaron a Utah, donde montaron a caballo a través del Cañón Bryce y el parque nacional Zion. Esta fotografía le dio a Cris la idea del título para su disco, *Good Water, Good Horses (Buena Agua, Buenos Caballos)*.

*   *   *

At this stage in Cris's life, though, being at home for him mostly means being "close to the land." His and Ann's place in Columbus allows him to do just that. In the mornings, he goes outside to see the garden. With his hoe in his hands, he works the soil like he has done many times before. Only now, he does it on his terms and on his "own little space"—his home in Wisconsin.

En esta etapa en la vida de Cris, estar cerca de casa significa en gran medida estar "cerca de la tierra". El hogar de Ann y suyo cerca de Columbus le ayuda a hacer justamente eso. Durante las mañanas, sale a contemplar el jardín. Con su azadón en mano, trabaja el suelo como lo ha hecho tantas veces antes. Sólo que ahora lo hace bajo sus propias condiciones y en su "pequeño espacio propio", su hogar en Wisconsin.

Cris, Ann, and their dog Scooter in their large garden. Their home is in the background. ✳ Cris, Ann y su perro Scooter en su amplio jardín. Su casa está al fondo.

Appendix
Apéndice

Cris's Time Line
Cronología de Cris

1920 — Cris's mother, Marcelina Casillas, is born in San Antonio, Texas.

Nace la madre de Cris, Marcelina Casillas, en San Antonio, Texas.

1929 — Cris's father, Cristoval Plata Sr., is born in Jalisco, Mexico.

Nace el padre de Cris, Cristoval Plata padre, en Jalisco, México.

1948 — Cristoval Plata Sr. and Marcelina Casillas meet in Somerset, Texas, and get married.

Cristóval Plata padre y Marcelina Casillas se conocen en Somerset, Texas, y se casan.

1954 — On November 26, Cris Plata is born on a ranch near Poteet, Texas.

El 26 de noviembre nace Cris Plata en un rancho cerca de Poteet, Texas.

❧

1954–1962 — Cris lives in Texas with his parents and his older brothers, Juan and Antonio.

Cris vive en Texas con sus padres y sus hermanos mayores, Juan y Antonio.

1960 — The Plata family migrates to Tipton, Indiana, where they work in the tomato fields. This is their first time living in the Midwest.

La familia Plata emigra a Tipton, Indiana, donde trabaja en los campos de tomate. Esta es la primera vez que vive en la región central de EE.UU.

1966 — The Plata family moves to Astico, Wisconsin, for the first time.

La familia Plata se muda a Astico, Wisconsin, por primera vez.

1966–1977 — The Plata family spends April through October in Wisconsin and moves back to Somerset, Texas, each winter.

La familia Plata permanece en Wisconsin desde abril hasta octubre y se muda nuevamente a Somerset, Texas, cada invierno.

Cris translates for doctors and nurses at the migrant camp in Astico.

Cris se desempeña como traductor para médicos y enfermeras en el campamento migratorio en Astico.

1973 — Cris graduates high school in Somerset, Texas.

Cris se gradúa de la escuela superior en Somerset, Texas.

1974 — Cris attends college at St. Edward's University in Austin, Texas.

Cris asiste a la Universidad St. Edward's en Austin, Texas.

1974–1976 — Cris decides to pursue a music career and plays gigs around Austin and San Antonio, Texas.

Cris decide dedicarse a su carrera musical y trabaja como músico en Austin y San Antonio, Texas.

1977 — Cris drives combines in Wisconsin and falls in love with his co-worker Ann Trapp. They get married on June 25.

Cris opera cosechadoras en Wisconsin y se enamora de su compañera de trabajo, Ann Trapp. Contraen matrimonio el 25 de junio.

1977–1981 — Cris lives in Minnesota while working at the University of Minnesota and playing music at local venues.

Cris vive en Minnesota mientras trabaja en la Universidad de Minnesota y toca en negocios locales.

1981 — Cris and Ann move to Sun Prairie, Wisconsin.

Cris y Ann se mudan a Sun Prairie, Wisconsin.

175

1989 — Cris records his first album, *Spreading the Rumor*.

Cris graba su primer álbum, *Spreading the Rumor* (*Corriendo el rumor*).

1997 — Cris and Ann move into a farmhouse on her family's farm near Columbus, Wisconsin.

Cris y Ann se mudan a una granja en la propiedad de la familia Trapp cerca de Columbus, Wisconsin.

1980s– present — Cris plays concerts with his band, Cris Plata with Extra Hot.

Década de los 80– actualidad — Cris toca conciertos con su banda, *Cris Plata with Extra Hot.*

Glossary

Pronunciation Key

a   c<u>a</u>t (kat), pl<u>ai</u>d (plad),
       h<u>a</u>lf (haf)

ah   f<u>a</u>ther (**fah** THur),
       h<u>ea</u>rt (hahrt)

air c<u>a</u>rry (**kair** ee), b<u>ear</u> (bair),
       wh<u>ere</u> (whair)

aw <u>a</u>ll (awl), l<u>aw</u> (law),
       b<u>ough</u>t (bawt)

ay s<u>ay</u> (say), br<u>ea</u>k (brayk),
       v<u>ei</u>n (vayn)

e   b<u>e</u>t (bet), s<u>ay</u>s (sez),
       d<u>ea</u>f (def)

ee b<u>ee</u> (bee), t<u>ea</u>m (teem),
       f<u>ea</u>r (feer)

i   b<u>i</u>t (bit), w<u>o</u>men (**wim** uhn),
       b<u>ui</u>ld (bild)

ɪ   <u>i</u>ce (ɪs), l<u>ie</u> (lɪ), sk<u>y</u> (skɪ)

o   h<u>o</u>t (hot), w<u>a</u>tch (wotch)

oh <u>o</u>pen (**oh** puhn), s<u>ew</u> (soh)

oi b<u>oi</u>l (boil), b<u>oy</u> (boi)

oo p<u>oo</u>l (pool), m<u>o</u>ve (moov),
       sh<u>oe</u> (shoo)

or <u>or</u>der (**or** dur), m<u>ore</u> (mor)

ou h<u>ou</u>se (hous), n<u>ow</u> (nou)

u   g<u>oo</u>d (gud), sh<u>ou</u>ld (shud)

uh c<u>u</u>p (kuhp), fl<u>oo</u>d (fluhd),
       bu<u>tt</u>on (**buht** uhn)

ur b<u>ur</u>n (burn), p<u>ear</u>l (purl),
       b<u>ir</u>d (burd)

yoo <u>u</u>se (yooz), f<u>ew</u> (fyoo),
       v<u>iew</u> (vyoo)

hw <u>wh</u>at (hwuht), <u>wh</u>en (hwen)

TH <u>th</u>at (THat), brea<u>the</u> (breeTH)

zh mea<u>s</u>ure (**mezh** ur),
       gara<u>ge</u> (guh **razh**)

activism (**ak** tuh vi zuhm): action for change

aficionado (uh fish ee uh **nah** doh): someone who likes and appreciates a certain activity or interest

al norte (ahl **nohr** tay): to the north, in Spanish

ancestral (an **ses** truhl): passed down or practiced by family members who lived a long time ago

Anglo (**ang** gloh): a term used to identify white people in the southwestern part of the United States; Anglo is shortened from "Anglo-Saxon," which refers to white Americans whose ancestors came from England

arroz con pollo (**ah** rohs kohn **poi** oh): rice and chicken cooked together with traditional Spanish spices

assigned (ah **sind**): gave someone a job to do

Bracero [Program] (brah **say** roh): a US and Mexican government program that hired Mexican workers to move to the United States for a short time and work on farms

brutal (**broo** tuhl): violent or very mean

chemical (**kem** uh kuhl): a substance used in or made through chemistry

Chicano (chi **kah** noh): an American of Mexican heritage

combine (**kahm** bin): a machine that harvests grain

convoy (**kahn** voi): a group of vehicles traveling together

destination (des tuh **nay** shuhn): the place where someone is traveling to

destitute (**des** tuh toot): having no money, no food, and no place to live

efficiently (uh **fish** uhnt lee): doing something without wasting time or energy

encountered (en **kown** tuhrd): met or experienced

environmentalist (en vi ruhn **men** tuhl ist): someone who tries to protect natural surroundings

etiquette (**et** uh ket): rules of polite behavior

excelled (ek **seld**): was very good at something

exhaust fumes (eg **zawst** fyoomz): gases produced by an engine

fiesta (fee **es** tuh): a party or celebration, especially in Latin America or Spain

fluently (**floo** uhnt lee): with the ability to speak a language easily and well

focus (**foh** kuhs): pay close attention

gig (gig): a scheduled performance for a musician

gregarious (gruh **ger** ee uhs): very sociable and friendly

humiliating (hyoo **mil** ee ay ting): making you feel embarrassed

idiom (**id** ee uhm): a commonly used expression with a meaning that is not clear if you do not already know it

impact (**im** pakt): a strong impression on someone

Indio (**in** dee oh): someone whose ancestors lived in the Americas before European settlers arrived

industrial (in **dus** tree uhl): made using heavy machinery, and on a large scale

inferior (in **fir** ee ur): not as good; of lesser quality

influenced (**in** floo uhnst): had an effect on someone or on how things turned out

instill (in **stil**): to share something over and over until it becomes part of something else

intricate (**in** truh kit): very detailed

justified (**jus** tuh fīd): explained your actions to show that they are right

landscape (**land** skayp): an area of land that can be seen from one spot

lard (lahrd): white grease used for cooking, made from melted fat

lyrics (**lir** iks): the words in a song

mainstream (**mayn** streem): ideas, opinions, and activities that are thought to be typical within society

massive (**mas** iv): large

Mexican descent (**mek** suh kuhn di **sent**): someone with Mexican ancestors

minding your P's and Q's (**mīnd** ing yur peez and kyooz): expression that means "being polite and behaving well"

option (**op** shuhn): a choice

peasant farmer (**pez** uhnt **fahr** muhr): a person who works and lives on a farm or certain area of land in service of someone else who owns the land

portion (**por** shuhn): the amount of food served on one plate during a meal

poverty (**pov** ur tee): a situation in which you have very little money for things like food and a place to live

prejudice (**prej** uh dis): an unfair opinion about someone based on their race, religion, or other characteristics

preserved (pri **zurvd**): kept in an original state so it can be used later

provider (pruh **vi** dur): someone who gives food, shelter, and other basic needs to people who rely on him or her

racial discrimination (**ray** shuhl dis kri muh **nay** shun): unfair treatment of people, based on being of a different race

racial prejudice (**ray** shuhl **prej** uh dis): an unfair opinion about people based on their race

racial stereotype (**ray** shuhl **ster** ee uh tɪp): widely held but overly simple ideas or images, often negative, about people of a certain race

resented (ri **zen** tuhd): felt anger toward someone or something

routine (roo **teen**): a way of doing things that is repeated the same way each time

salsa de chile (**sahl** suh day **chee** lay): a sauce made of tomatoes, chili peppers, garlic, and spices

scenery (**see** nur ee): the natural outdoor environment or landscape

sharecropper (**sher** krop ur): a farmer who works land for an owner in exchange for some of the value from the crops

straddled (**strad** uhld): partially in two categories

temporary (**tem** puh rer ee): lasting for a short period of time

toiled (**toi** uhld): worked very hard

vapor (**vay** pur): gas that is formed from a liquid at high temperatures

vast (vast): very large in area

vehicle (**vee** uh kuhl): something used to transport people or goods

venue (**ven** yoo): the place where an event, such as a music concert, is held

World War II (wurld wor too): a war fought from 1939 to 1945 in which the United States, Great Britain, France, the Soviet Union, and other allies defeated Germany, Japan, and Italy

Glosario

activismo (**ak** ti vis mo): acción para un cambio

aficionado (a fi sio **na** do): alguien que le gusta y aprecia una cierta actividad o interés

al norte (al **nor** te): hacia el norte

ancestral (an ses **tral**): heredado o practicado por familiares que vivieron hace mucho tiempo

angloamericano (an gloa me ri **ka** no): término usado para identificar a las personas blancas en la parte suroeste de Estados Unidos. Angloamericano es otra forma de decir "anglosajón", que se refiere a estadounidenses blancos cuyos ancestros provienen de Inglaterra

aparcero (a par **se** ro): granjero que trabaja la tierra para un propietario a cambio de una parte del valor de los cultivos

ascendencia mexicana (a sen **den** sia me ji **ka** na): alguien con ancestros mexicanos

asignó (a sig **no**): que le dio a alguien un trabajo a realizar

Bracero [Programa] (bra **se** ro): programa de los gobiernos de EE.UU. y México que contrató a trabajadores mexicanos para mudarse a Estados Unidos por un breve periodo para trabajar en granjas

brutal (bru **tal**): cruel o muy malo

campesino agricultor (kam pe **si** no a gri kul **tor**): persona que trabaja y vive en una granja o cierta área de tierra en servicio de otra persona que es dueña de la tierra

chamba (**cham** ba): actuación programada para un músico

chicano (chi **ka** no): estadounidense de ascendencia mexicana

concentrarse (kon sen **trar** se): prestar mucha atención

convencional (kon ven sio **nal**): ideas, opiniones y actividades que se consideran típicas dentro de la sociedad

convoy (**kon** voi): grupo de vehículos que viajan juntos

cosechadora (ko se cha **do** ra): máquina que cosecha granos

cuidar los modales (kui **dar** los mo **da** les): expresión que significa "ser cortés y tener un buen comportamiento"

destino (des **ti** no): lugar al que alguien se dirige

discriminación racial (dis kri mi na si**on** ra si**al**): trato injusto de personas porque pertenecen a una raza diferente

ecologista (e ko lo **gis** ta): alguien que intenta proteger el ambiente natural

eficazmente (e fi **cas** men te): hacer algo sin desperdiciar tiempo o energía

encontrarse con (en kon **trar** se kon): conocer o experimentar

escenario (e se **na** rio): entorno natural al aire libre o paisaje

esmerarse (es me **rar** se): trabajar muy duro

estereotipo racial (es te reo **ti** po ra si**al**): ideas o imágenes ampliamente creídas pero demasiado simplistas, a menudo negativas, sobre personas de cierta raza

etiqueta (e ti **ke** ta): normas de conducta cortés

extenderse (eks ten **der** se): que está en más de una categoría

fiesta (fi**es** ta): celebración, especialmente en Latinoamérica o España

fluidez (flu i **des**): capacidad de hablar un idioma fácilmente y bien

gregario (gre **ga** rio): muy sociable y amistoso

humillante (u mi **yan** te): que te hace sentir avergonzado

gases de escape (**ga** ses de es **ka** pe): gases producidos por un motor

impacto (im **pak** to): fuerte impresión sobre alguien

inculcar (in kul **kar**): compartir algo una y otra vez hasta que se vuelva parte de otra cosa

indigente (in di **gen** te): que no tiene dinero, ni comida ni un sitio donde vivir

indio (**in** dio): alguien cuyos ancestros vivieron en el continente americano antes de la llegada de los colonizadores europeos

industrial (in dus **trial**): elaborado usando maquinaria pesada y a gran escala

inferior (in fe **rior**): que no es tan bueno; de menor calidad

influenció (in flu en ci**o**): que tuvo un efecto sobre alguien o sobre el resultado de las cosas

intrincado (in trin **ka** do): muy detallado

justificó (jus ti fi **ko**): que explicó tus acciones para demostrar que son correctas

letra (**le** tra): palabras en una canción

local (lo **kal**): sitio donde se celebra un evento, como un concierto de música

macizo (ma **si** so): grande

manteca (man **te** ka): grasa blanca empleada para cocinar, hecha con grasa derretida

modismo (mo **dis** mo): expresión usada comúnmente con un significado que no es claro si no la conoces ya

opción (op **sion**): elección

paisaje (pai **sa** je): área de tierra que puede verse desde un lugar

pobreza (po **bre** sa): situación en la que tienes muy poco dinero para cosas como comida y un lugar para vivir

porción (por **sion**): cantidad de alimentos servidos en un plato durante una comida

prejuicio (pre **jui** sio): opinión sobre alguien en basada en su raza, religión u otras características

prejuicio racial (pre **jui** sio ra **sial**): opinión injusta sobre personas basada en su raza

preservado (pre ser **va** do): conservado en estado original para poder usarse más tarde

proveedor (pro vee **dor**): alguien que proporciona alimentos, albergue y otras necesidades básicas a personas que dependen de esa persona

químico (**ki** mi ko): sustancia utilizada o hecha a través de la química

resintió (re sin **tio**): que se enfadó con alguien o por algo

rutina (rru **ti** na): forma de hacer las cosas que se repite de la misma forma cada vez

Segunda Guerra Mundial (se **gun** da **gue** rra mun **dial**): guerra peleada de 1939 a 1945 en la que Estados Unidos, Gran Bretaña, Francia, la Unión Soviética y otros aliados derrotaron a Alemania, Japón e Italia

sobresalió (so bre sa li**o**): que fue muy bueno en algo

temporal (tem po **ral**): de corta duración

vapor (va **por**): gas formado de un líquido en temperaturas altas

vasto (**vas** to): de área muy grande

vehículo (ve **i** ku lo): algo usado para transportar a personas o bienes

Reading Group Guide and Activities
Guía de grupo de lectura y actividades

Discussion Questions
Preguntas de discusión

For many years when he was growing up, Cris Plata and his family lived part of the year in Wisconsin and the other part in Texas. What do you think would be fun about moving? What do you think would be hard? What are 3 things you could do to make it easier for a new classmate who just moved to your town to get used to his or her new school and new neighborhood?

Durante muchos años de su infancia, Cris Plata y su familia vivían parte del año en Wisconsin y otra parte en Texas. ¿Qué crees que sería divertido de mudarse? ¿Qué crees que sería difícil? ¿Nombra 3 cosas que podrías hacer para ayudar a un compañero de clases que se acaba de mudar a tu ciudad a acostumbrarse a su nueva escuela o vecindario?

What were some of the jobs that Cris did on farms while he was growing up? Give specific examples. Were you surprised to learn how young he was when he did this work? What kinds of jobs do you do? Compare and contrast them with Cris's jobs. What jobs did his parents, older brothers, and other migrant farmworkers do on the farms? What were some of the crops they helped harvest?

¿Cuáles fueron algunos de los trabajos que Cris realizó en las granjas durante su infancia? Escribe ejemplos específicos. ¿Te sorprendió saber lo joven que era cuando hacía este trabajo? ¿Qué tipos de trabajos haces tú? Encuentra las similitudes y differencias con los trabajos de Cris. ¿Qué trabajos hacían sus padres, hermanos mayores y otros trabajadores agrícolas migratorios en las granjas? ¿Cuáles son algunos de los cultivos que ayudaron a cosechar?

✳ ✳ ✳

Cris experienced racial prejudice at different times in his life by people who did not know him, but who judged him because he looked different from them. What are 2 examples of racism he experienced in his life? Do you think there is still racial prejudice in the United States? Explain why or why not.

Cris experimentó prejuicios raciales en diferentes momentos en su vida por personas que no lo conocían, pero que lo juzgaron porque se veía diferente a ellos. ¿Cuáles son 2 ejemplos de racismo que experimentó en su vida? ¿Crees que aún existe el prejuicio racial en los Estados Unidos? Explica por qué sí o por qué no.

✳ ✳ ✳

How did Cris's parents play a part in his becoming a musician? What are some examples from the book that talk about his parents and their love of music? In what other ways did farm labor influence Cris's career as a professional musician?

¿Qué influencia tuvieron los padres de Cris en que se convirtiera en músico? Menciona algunos ejemplos del libro que hablan sobre sus padres y su amor por la música. ¿De qué otras formas influenció el trabajo agrícola a la carrera de Cris como músico profesional?

189

Activities
Actividades

Visit the Wisconsin Public Television website (www.wpt5.org) to watch part of Cris Plata's *30 Minute Music Hour* performance. Did his music sound like you thought it would after reading about his life? Did it make you want to get up and dance? Discuss what you think makes Cris Plata's music unique. What's your favorite kind of music and why do you like it?

Visita el sitio web de la Televisión Pública de Wisconsin (www.wpt5.org) para ver parte del concierto de Cris Plata titulado *30 Minute Music Hour.* ¿Su música fue como esperabas después de leer sobre su vida? ¿Te dieron ganas de levantarte a bailar? Habla sobre lo que crees que hace única a la música de Cris Plata. ¿Cuál es tu música favorita y por qué te gusta?

✳ ✳ ✳

"My Old Man" is a song that Cris wrote about his father's life. Pick a member of your family who means a lot to you or who has an interesting life story and write a song about his or her life. Refer back to Cris's song on pages 47–50 for a guide on how long the lines of a song should be. Include a chorus that you repeat throughout the song and give your song a title. For the melody, either make up your own tune, or use a song that most of your classmates know but change the words. Perform your song for your class or for the person you wrote about, or both!

"My Old Man" (en español, "Mi viejo") es una canción que Cris escribió sobre la vida de su padre. Elige a un miembro de tu familia que te importa mucho o que haya tenido una vida interesante y escribe una canción sobre su vida. Consulta la canción de Cris nuevamente en las páginas 47-50 para saber la longitud correcta de las líneas de una canción. Incluye un coro que se repite durante la canción y dale un título a tu canción. Para la melodía, puedes crear tu propia melodía, o usa una canción que conozca la mayoría de tus compañeros de clase pero cambia las palabras. ¡Interpreta tu canción frente a tu clase o a la persona que te inspiró! ¡O ambas cosas!

As an adult, Cris still grows vegetables. He likes to plant 3 vegetables together, like his Indian ancestors did, to create a "three sisters" garden. What are the 3 vegetables? Why do they grow well together? If you have space at home or at school, here's how you can grow your own "three sisters" garden: www.kidsgardening.org/node/12033.

Cris aún cultiva vegetales ahora que es un adulto. Le agrada sembrar 3 vegetales juntos, como lo hacían sus ancestros indios, para crear un jardín de "tres hermanas". ¿Cuáles son los 3 vegetales? ¿Por qué crecen bien juntos? Si tienes espacio en casa o en la escuela, así es como puedes cultivar tu propio jardín de "tres hermanas": www.kidsgardening.org/node/12033.

Food is an important part of Cris's story. When the Platas lived as farmworkers, the food prepared by Marcelina Plata helped to provide stability when the family moved to new places. On their farm in Columbus, Cris and Ann Plata continue to grow vegetables and prepare food, like salsa, that connects Cris to his past. Find a recipe that is meaningful to your family. What ingredients do you need to make that dish? Talk to a family member who knows how to make it. Does he or she have a story that goes along with the dish? Write down the recipe with all the ingredients needed to make it. Then tell why it is important to your family. Ask your teacher if you can prepare the dish and bring samples to class.

Los alimentos son una parte importante de la historia de Cris. Cuando los Plata vivían como trabajadores agrícolas, los alimentos preparados por Marcelina Plata ayudaron a proporcionar estabilidad cuando la familia se mudaba a lugares nuevos. En su granja cerca de Columbus, Cris y Ann Plata continúan cultivando vegetales y preparando platillos, como salsa, que conectan a Cris con su pasado. Encuentra una receta que sea significativa para tu familia. ¿Qué ingredientes necesitas para preparar ese platillo? Charla con un familiar que sepa cómo prepararlo. ¿Tiene una historia que se relacione con el platillo? E scribe la receta con todos los ingredientes necesarios para prepararla. Luego cuenta por qué es importante para tu familia. Pregúntale a tu maestro si puedes preparar el platillo y lleva muestras a la clase.

To Learn More about the Lives of Migrant Farmworkers
Obtén más información sobre la vida de trabajadores agrícolas migratorios

Books

Atkin, S. Beth. *Voices from the Fields: Children of Migrant Farmworkers Tell Their Stories.* Boston, MA: Little, Brown and Company, 2000.

Hart, Elva Treviño. *Barefoot Heart: Stories of a Migrant Child.* Tempe, AZ: Bilingual Review Press, 1999.

Jiménez, Francisco. *The Circuit: Stories from the Life of a Migrant Child.* Albuquerque: University of New Mexico Press, 1997.

Tafolla, Carmen, Sharyll Teneyuca, and Terry Ybanez. *That's Not Fair! / No Es Justo!: Emma Tenayuca's Struggle for Justice / La Lucha de Emma Tenayuca por la Justicia.* San Antonio, TX: Wings Press, 2008.

Warren, Sarah E. *Dolores Huerta: A Hero to Migrant Workers.* Las Vegas, NV: Two Lions, 2012.

Online Resources
Recursos en línea

"Bittersweet Harvest: The Bracero Program, 1942–1964" / *Cosecha Amarga Cosecha Dulce: El Programa Bracero, 1942–1964* is an online exhibit by the National Museum of American History, http://americanhistory.si.edu/exhibitions/bittersweet-harvest-bracero-program-1942-1964

"Cosecha Amarga Cosecha Dulce: El Programa Bracero, 1942–1964" es una muestra en línea del Museo Nacional de Historia Estadounidense, http://americanhistory.si.edu/exhibitions/bittersweet-harvest-bracero-program-1942-1964

✳   ✳   ✳

"David Giffey's Struggle for Farmworker Justice" is an online photo gallery by the Wisconsin Historical Society, www.wisconsinhistory.org/whi/feature/giffey

"La lucha por la justicia para los agricultores de David Giffey" es una galería fotográfica en línea de la Sociedad Histórica de Wisconsin, www.wisconsinhistory.org/whi/feature/giffey/giffey-espanol.asp

Acknowledgments
Reconocimientos

I would like to thank Cris Plata for his willingness to share his memories, music, photographs, and family history with me. It has been an honor to get to know him throughout the process of writing this book. He is a gifted storyteller in his own right, so I hope my voice has done justice to the many captivating tales he relayed to me during our conversations.

Me gustaría agradecer a Cris Plata por su disposición de compartir sus memorias, música, fotografías e historia familiar conmigo. Ha sido un honor conocerlo mientras escribía este libro. Cris es un talentoso contador de historias por mérito propio, así que espero que mi voz haya hecho justicia a las muchas historias fascinantes que me contó durante nuestras conversaciones.

*   *   *

Although this book is primarily about the life of one person, it reflects a much broader history about migrant farm labor in the United States. When writing a dissertation on this topic, I interviewed other former farmworkers whose stories influenced this book in important ways, including Jesus Salas, Amelia Nava, Julia Rhode, Lupe Martinez, and Luz Estella Salazar.

Aunque este libro trata principalmente sobre la vida de una persona, refleja una historia mucho más amplia sobre los trabajadores migratorios en los Estados Unidos. Al escribir una disertación sobre este tema, entrevisté a ex trabajadores agrícolas cuyas historias influenciaron este libro de formas importantes, incluyendo a Jesús Salas, Amelia Nava, Julia Rhode, Lupe Martínez y Luz Estrella Salazar.

* * *

I could not have written this book without the encouragement and support of Bobbie Malone, the first editor I worked with at the Wisconsin Historical Society Press, who has since become a friend and mentor. Bobbie introduced me to Cris Plata after she learned about my dissertation on migrant farmworkers in Wisconsin. She persuaded me to adapt my academic research into a story accessible for a younger audience. For that I will always be grateful.

No hubuera sido posible escribir este libro sin el aliento y apoyo de Bobbie Malone, el primer editor con quien trabajé en la Imprenta de la Sociedad Histórica de Wisconsin, y que se ha convertido en un amigo y mentor. Bobbie me presentó a Cris Plata después de enterarse de mi disertación sobre trabajadores agrícolas migratorios en Wisconsin. Me convenció de adaptar mi investigación académica a una historia accesible para un público más joven. Siempre le estaré agradecida por eso.

* * *

Many loved ones supported me while I worked on this book. I want to especially thank my parents, Mitch and Margaret Newton, my grandmother, Kathryn Townsend, and my partner, Dave Gilbert, who never stopped believing that I would someday finish all of my writing projects. Finally, I must mention the three children with whom I spent many happy hours during the time when I researched and wrote this book: Emmet Johnson, Mira Nafranowicz, and Gretchen Johnson. They are joyous and curious people who made my life shine brighter as I made my way through graduate school. I hope this book inspires them to ask questions about their family history and write stories of their own someday.

Muchos seres queridos me apoyaron mientras trabajaba en este libro. Quiero agradecer en especial a mis padres, Mitch y Margaret Newton, a mi abuela, Kathryn Townsend, y a mi compañero, Dave Gilbert, quien nunca dejó de creer que algún día terminaría todos mis proyectos de escritura. Por último, debo mencionar a los tres niños con quienes pasé muchas horas felices mientras investigaba y escribía este libro: Emmet Johnson, Mira Nafranowicz y Gretchen Johnson. Son personas alegres y curiosas que hicieron mi vida más brillante conforme avancé por mi carrera de posgrado. Espero que este libro les inspire a preguntarse sobre su historia familiar y a escribir sus propias historias algún día.

Photo Credits
Créditos de las fotos

Page 2: Courtesy of John R. Connell
Página 2: Cortesía de John R. Connell

Pages 9, 25: Maps by Mapping Specialists
Páginas 9, 25: Mapas por Mapping Specialists

Page 18: Library of Congress, Prints & Photographs Division, FSA/OWI Collection, LC-USF34-018247-C
Página 18: Biblioteca del Congreso, División de Estampas y Fotografías, Colección FSA/OWI, LC-USF34-018247-C

Page 28: Courtesy of Jill Vexler
Página 28: Cortesía de Jill Vexler

Pages 30, 44, 46, 50, 52, 53, 59, 66, 72, 74, 76, 81, 136, 144, 147, 158, 162, 170, 172: Courtesy of Cris Plata
Páginas 30, 44, 46, 50, 52, 53, 59, 66, 72, 74, 76, 81, 136, 144, 147, 158, 162, 170, 172: Cortesía de Cris Plata

Pages 33, 34, 35, 39: Nadel Braceros Photographs, Archives Center, National Museum of American History, Smithsonian Institution
Páginas 33, 34, 35, 39: Fotografías de Nadel Braceros, Archivos Centrales, Museo Nacional de Historia Estadounidense, Institución Smithsonian

Page 37: Earl Theisen, photographer, Look Magazine Photograph Collection, Library of Congress, Prints & Photographs Division; ©Earl Theisen/Roxann E. Livingston
Página 37: Earl Theisen, fotógrafo, Colección de fotografías de la revista Look, Biblioteca del Congreso, División de Estampas y Fotografías; ©Earl Theisen/Roxann E. Livingston

Page 64: ©Cotton, Inc.
Página 64: ©Cotton, Inc.

Page 80: Amelia Janes, Earth Illustrated Inc.
Página 80: Amelia Janes, Earth Illustrated Inc.

Page 84: WHi Image ID 90242, photo by David Giffey
Página 84: WHi Image ID 90242, foto de David Giffey

Page 86: WHi Image ID 91647
Página 86: WHi Image ID 91647

Page 89: WHi Image ID 26157
Página 89: WHi Image ID 26157

Page 90: Photo by Konstantinos Trovas
Página 90: Foto de Konstantinos Trovas

Page 103: WHi Image ID 87205, photo by David Giffey
Página 103: WHi Image ID 87205, foto de David Giffey

Page 104: WHi Image ID 42535
Página 104: WHi Image ID 42535

Page 109: Division of Work & Industry, National Museum of American History, Smithsonian Institution
Página 109: División de Trabajo e Industria, Museo Nacional de Historia Estadounidense, Institución Smithsonian

Page 111: WHi Image ID 93063, photo by David Giffey
Página 111: WHi Image ID 93063, foto de David Giffey

Page 113: WHi Image ID 92289, photo by David Giffey
Página 113: WHi Image ID 92289, foto de David Giffey

Page 125 (top): Library of Congress, Prints & Photographs Division, FSA/OWI Collection, LC-USF33-11957-M3
Página 125: Biblioteca del Congreso, División de Estampados y Fotografías, Colección FSA/OWI, LC-USF33-11957-M3

Page 125 (bottom): Library of Congress, Prints & Photographs Division, FSA/OWI Collection, LC-USF33-11331-M5
Página 125: Biblioteca del Congreso, División de Estampas y Fotografías, FSA/OWI Collection, LC-USF33-11331-M5

Page 127: WHi Image ID 11908
Página 127: WHi Image ID 11908

Page 152: WHi Image ID 92280, photo by David Giffey
Página 152: WHi Image ID 92280, foto de David Giffey

Page 168: Photo by PJ Chmiel
Página 168: Foto de PJ Chmie

Index

This index points you to the pages where you can read about persons, places, and ideas. If you do not find the word you are looking for, try to think of another word that means the same thing.

Where you see the initials "CP" in the index, that stands for Cris Plata. Page numbers in **bold** refer to pages with photographs.

Índice

El índice se usa para encontrar las páginas donde se puede leer sobre las personas, lugares e ideas. Si usted no encuentra la palabra que esté buscando, piensa en otra palabra que significa lo mismo. Donde se ve las iniciales "CP" en este índice, significa Cris Plata. Los números en **negrita** indican una fotografía en la página.

207